Carlos A. Gebauer
Warum wir alle reich sein könnten

W0189519

Meinen lieben Eltern

Carlos A. Gebauer
Warum wir alle reich sein könnten
Und wie unsere Politik das verhindert

Einige erläuternde Anmerkungen zur
sozialen Lage in unserem Land und
ein Plädoyer für die Rückbesinnung
auf ein konsequentes Zivilrecht

LICHTSCHLAG NR. 12

LICHTSCHLAG NR. 12
Lichtschlag Buchverlag
Internet: **www.lichtschlag-buchverlag.de**

Coverfoto von
Philipp Schumacher
(www.ruhrgebietfotos.com)

ISBN-10: 3-939562-12-2
ISBN-13: 978-3-939562-12-2

2. Auflage 2009
Lichtschlag Medien und Werbung KG
Malvenweg 24
41516 Grevenbroich
Internet: www.capitalista.de

„Wir sind Personen, keine Marionetten."

Martin Luther King

„Wahre Moralität besteht nicht darin,
ausgetretene Pfade entlangzugehen,
sondern darin, den wahren Weg
für uns selbst zu finden
und diesem furchtlos zu folgen."

Mahatma Gandhi

EIN KLEINES WARUM ZUR EINFÜHRUNG

Verstehen Sie die Welt noch? Wir bezahlen immer mehr. Die Steuern steigen. Und alles wird teurer. Nicht nur Lebensmittel, Strom oder Benzin. Auch Krankenkassenbeiträge wachsen unverdrossen. Gleichzeitig sind die Renten nicht mehr sicher. Und wir stehen vor einer Pflegekatastrophe. Hatte nicht vor zwanzig Jahren noch ein Gehalt gereicht, um die ganze Familie zu ernähren? Wohin bewegt sich unsere Gesellschaft?

Politiker streiten. Sie sprechen von Armut hier und starken Schultern dort. Und sie schielen auf unsere Sparbücher. Datendurstig, voller Gier. Sie wollen das, was uns gehört, neu verteilen. Niemand wird verschont. Ihr Blick fällt mittlerweile selbst auf Omas kleines Häuschen. Anstand setzt der Politik immer weniger Grenzen.

Mein Privatleben und Ihr Eigentum versinken im Sumpf der Sozialrhetorik. Politik legt fest, was einer verdient. Wieviel er erhält. Was er abzugeben hat. Und ob er überhaupt Arbeit findet. Millionen sind arbeitslos. Doch nur der Staat will wissen, wann und wo sie – undiskriminiert – wieder werden arbeiten können.

Gibt es einen Zusammenhang zwischen alledem? Und wenn ja: Warum wird er nicht offen diskutiert? Laufen wir am Ende nur wieder in die Falle einer sozialpolitischen Heilslehre? Ist die Flucht aus der persönlichen in die politische Verantwortung vielleicht nicht die Lösung, sondern die Ursache aller Probleme? Wie wollen wir leben? Woraus erhoffen wir uns Glück? Was ist der Sozialstaat? Eine Hoffnung? Ein Irrweg? Ein Mega-Projekt für kollektives Angstmanagement? Oder einfach nur eine intellektuelle Zumutung?

Diese Fragen haben mich beschäftigt. Wie sieht es wohl aus, wenn man sich einmal nicht in verwirrenden Scheinproblemen verliert? Was steckt hinter dem veröffentlichten Wort- und Zahlennebel? Welche Grundsätze lassen sich ausmachen, wenn man den statistischen Irrgärten gezielt aus dem Weg geht? Wenn man den weithin auf Tarnung konzipierten Politinformationen bewußt nicht folgt?

Wenn ich Glück habe, macht das von mir Zusammengetragene neugierig. Wer mehr Details erforschen möchte, kann über jede einzelne Fußnote im Anhang sofort weiterführende Literatur finden. Eines jedenfalls ist mir inzwischen zweifellos klar geworden: Ohne die heute in unserem Land praktizierte Politik könnten wir alle deutlich reicher sein. Vor allem auch die Schwächsten unter uns. Und das sollte uns alle interessieren, oder?

Duisburg am 18. März 2008
Carlos A. Gebauer

VORBEMERKUNG

Psychotherapeuten erzählen diesen Witz vielleicht am häufigsten: Sitzt ein Betrunkener nachts unter der Laterne und tastet den Boden ab. Kommt ein zweiter und fragt: „Was machst Du da?" Sagt der: „Ich suche meinen Schlüssel." Bohrt der andere weiter: „Wo hast Du ihn denn verloren?" Da zeigt der ins Dunkel und murmelt: „Da hinten irgendwo." „Und warum suchst Du dann hier?" „Na, weil es hier heller ist!".

Die Geschichte spielt mit unserer allzumenschlichen Trägheit. Denn im Grunde unseres Herzens wissen wir meist, wenn wir eigentlich an einer unbequemeren Stelle suchen müssten, um fündig zu werden. Trotzdem lieben wir es, unter den behaglichen Laternen zu bleiben. Mehr noch, wir reden uns dabei sogar ein, wir täten doch das Notwendige. Das Unsinnige eines solchen Verhaltens erkennen wir bei dem Betrunkenen zwar sofort. Und wir belächeln ihn milde. Es kömmt aber darauf an, auch uns selbst als Betrunkene zu erkennen. Erst dann können wir anfangen, Lösungen für unsere Probleme auch im anstrengenderen Dunklen zu suchen.

Die Moral der Laternengeschichte hilft allerdings nicht nur Psychotherapeuten gegen die individuellen Lebenskrisen ihrer Patienten. Sie läßt sich – wie ich auf den nächsten Seiten zeigen möchte – ohne weiteres auch auf die gegenwärtige wirtschaftliche und politische Lage Deutschlands übertragen[1].

Nur weil die Menschen dieses Landes nämlich geradezu rauschhaft um den ebenso wohligen wie diffusen Schein einer „sozialen Gerechtigkeit" kreisen, verfehlen sie das nüchterne Ziel allgemeiner Zufriedenheit. In geradezu nervtötender Emsigkeit inspizieren sie statt dessen mottengleich den Lichtkranz der staatlichen Glücksverheißungen, Meter für Zentimeter für Millimeter. Doch den Schlüssel zur Bewahrung – oder gar zur Mehrung – ihres unterdessen schwindenden Wohlstandes finden sie nicht.

Wagen wir also einmal mutig einige tastende Schritte in das Halbdunkel der Wirklichkeiten, die uns umgeben. Erkunden wir dass Zwielicht aus Wirtschaft, Staat und Nächstenliebe, in dem unsere Politik gedeiht. Und freuen wir uns auf erhellende Erkenntnisse, die zu einer Aufklärung dieses Umfeldes beitragen.

1. Kapitel

Zur Einleitung einige Definitionen

Zur Erklärung meines Themas erscheinen vorab allerdings noch einige kurze definitorische Klarstellungen geboten: Ja, ich bin fest davon überzeugt, daß wir alle reich sein könnten. Und mit „wir" meine ich alle Menschen, die in Deutschland, in Europa oder wo sonst auf der Welt leben.

Ich bin deswegen überzeugt davon, weil es hier in Deutschland schon einmal gelungen ist, allgemeinen Wohlstand herzustellen. Obwohl nämlich Hitlers nationaler Sozialismus und zwei Weltkriege Deutschland bis zum 8. Mai 1945 in ein chaotisches Trümmerfeld verwandelt hatten, so herrschte doch nur zwanzig Jahre später im deutschen Westen Vollbeschäftigung[2]. Und obwohl schwerste Lasten des Wiederaufbaus nebst Integration von Millionen Flüchtlingen zu bewältigen waren, gab es Ende der

1960er Jahre keine nennenswerte Staatsverschuldung. Wenn aber wie seinerzeit alle arbeitsfähigen und arbeitswilligen Menschen Arbeit haben und wenn sie hierbei nicht Milliardenlasten staatlicher Schulden tragen müssen, dann liegt ein Zustand des allgemeinen Reichtums, wie ich ihn verstehe, schon in durchaus greifbarer Nähe.

Wir dürfen bei der hier nötigen Definition natürlich eines nie vergessen: Bei den Begriffen von „Reichtum" und „Armut" handelt es sich um wichtige politische Kampfbegriffe. Michael Miersch schreibt: „Die Weltbank definiert Menschen als absolut arm, wenn sie einen Dollar am Tag oder weniger für die Befriedigung von Lebensbedürfnissen zur Verfügung haben. Diese Definition würde auf einen Schlag alle Europäer für reich erklären – ein Desaster für Sozialpolitiker."[3] Einen hiervon ganz eklatant abweichenden Armutsbegriff vertritt demgegenüber beispielsweise die Caritas in der Schweiz, von der Matthias Horx berichtet: „Ein Vier-Personen-Haushalt mit monatlichen 4.450,— Schweizer Franken (rund 3.000 Euro) wird als arm eingestuft."[4] Die Wahrheit wird wohl – je nach Kaufkraft und Entwicklungsstand der betrachteten Region – irgendwo in der Mitte zwischen diesen Extremata liegen[5]. Zudem läßt sich die Frage nach „arm" oder „reich" im Effekt nicht einmal verlässlich in Währungseinheiten ausdrücken. Auch dies wird uns nachstehend noch beschäftigen. In diesem Zusammenhang geht mir eine andere Bemerkung von Robert Heilbroner und Lester Thurow seit einigen Jahren nicht mehr aus dem Kopf. Im Hinblick auf die Entwicklungsgeschichte des menschlichen Wirtschaftens erinnern sie an dies: „Wie sehr gleichen die auf einem Renaissance-Gemälde abgebildeten Kleider und Utensilien, Baumaterialien oder Transportmittel denjenigen auf einer griechischen Vase! Wie gering war der materielle Fortschritt eines ganzen Jahrtausends!"[6]. Vielleicht ist ein Sozialhilfeempfänger in einer staatlichen Sozialwohnung – mit Warenkorb, Zentralheizung, Kranken- und Pflegeversicherung sowie dem Anspruch auf ein Mindestmaß an kultureller Teilhabe – doch gar nicht so arm, wie es auf unseren heute allgegenwärtigen Wandplakaten zur Propagierung der Mildtätigkeit behauptet wird? Bisweilen helfen bei der Begriffsbestimmung demnach wohl nicht nur rein gegenwartsbezogene oder geographisch vergleichende Blicke, sondern auch historische, um Klarheiten zu gewinnen und Verhältnismäßigkeiten zu wahren.

In meinem Verständnis ist ein Mensch nach alledem also nicht erst dann reich, wenn er persönlich über mehrere Yachten, Sportmannschaften oder Privatarmeen verfügt. Für mich ist ein Mensch vielmehr durchaus schon dann „reich", wenn er erstens seine elementaren Grundbedürfnisse auf absehbare Zukunft befriedigt weiß, wenn er darüber hinaus zweitens über eine solche Menge Vermögens verfügt, daß er sich und seiner Familie ernsthafte Herzenswünsche ohne Gefährdung seiner wirtschaftlichen Existenz erfüllen kann und wenn er zuletzt drittens auf der Grundlage sicheren Eigentums und verlässlicher, planbarer Rechtsregeln sein weiteres eigenes Leben entwerfen kann. Daß diese Voraussetzungen nicht durchgängig ohne jede Ausnahme für einen jeden einzelnen Menschen erfüllt werden können, wenn von einer Bevölkerung gesprochen wird, die – wie die Deutschlands derzeit – rund 82 Millionen Menschen umfasst, liegt auf der Hand. Jeder Mensch ist ein Individuum, jedes Schicksal ist unterschiedlich und keine Macht der Welt wäre je fähig, jeden Einzelnen dieser Millionen allen anderen so gleich zu machen wie ein Ei dem anderen. Wer das Gegenteil behauptet, ist schlicht ein Scharlatan. Möge er doch – zum gleichsam spielerischen Nachweis seiner dahingehenden Fähigkeiten – vorab einmal ganz praktisch zeigen, wie er zum Beispiel 82.000.000 Eichen oder 82.000.000 Buchen oder 82.000.000 Trauerweiden quer durch Deutschland allesamt in identische Größe, Farbe, Form und Lebensbedingungen bringt. Scheitert er hierbei, muß über das machtvolle Zurechtstutzen von Menschenlebensläufen wohl nicht mehr debattiert werden.[7]

Der Blick muß folglich nach meiner Überzeugung vielmehr darauf gerichtet bleiben, daß nach einem für das praktische Leben brauchbaren Grad von Gewissheit jeder Mensch in den Grenzen seines Landes realistische und ungehinderte Chancen hat, in dem vorbeschriebenen Sinne „reich" zu werden[8].

Dieser Zustand war durch das sogenannte „Wirtschaftswunder"[9] in Deutschland erkennbar gegeben. Daß nämlich zum Beispiel im Jahre 1968 Menschen auf deutschen Straßen öffentlich verhungert, verdurstet oder erfroren wären, hat man nicht gehört. Tatsächlich war es auch nicht so. Tragische Begebenheiten wird es sicher gegeben haben, so wie es stets Schicksalsschläge, Verbrechen oder sonstige menschliche Dramen gibt. Doch die allumfassend absolute Perfektion gehört eben nicht und nirgendwo zu den Chancen unseres Menschseins. Odo Marquard hat hierzu formuliert: „Das Absolute – das schlechthin Vollkommene und Außerordentliche – ist nicht menschenmöglich, denn die Menschen sind endlich."[10]

Weil aber alle Menschen in diesem unzweifelhaften Sinne „endlich" sind, statt vollkommen und perfekt, müssen wir uns auch ehrlich eingestehen: Politiker sind ebenfalls Menschen und also ihrerseits unvollkommen. Wer sich demnach bedingungslos den politischen Entscheidungen anderer unterwirft, der macht sich folglich zu nichts anderem, als zur Verfügungsmasse fremder Unzulänglichkeiten. Viele Menschen sehen das noch nicht. Bei der Wahl und Formulierung meines Themas war es dementsprechend auch nur ein Gebot der Fairneß, nicht von „Politikern" zu sprechen, die unseren allgemeinen Wohlstand verhindern. Ich spreche lieber abstrakter von „unserer Politik". Denn Politik ist – was ich ebenfalls beschreiben werde – wesentlich ein Kommunikations- und Interaktionsphänomen. Anders gesagt: Zu Politik wird immer nur das, was wir als machtunterworfene Politikadressaten nicht für uns selber erledigen. Erst dann, wenn wir unseren Politikern bestimmte Felder überlassen, werden diese zu Politik. Und wenn diese Politik uns dann im Ergebnis schadet, so haben wir diesen Schaden in seinem Keim schon selber mitangelegt. Folgerichtig muß es dann aber auch wieder unsere eigene Aufgabe sein, die Beseitigung dieser Schäden selber in den Angriff zu nehmen. Dies ist dann genau der Zeitpunkt, in dem wir – nach einer schönen Definition Nicolás Gómez Dávilas – reife Menschen werden. Er sagt: „Der Mensch reift, wenn er aufhört zu glauben, daß die Politik seine Probleme löst."[11]

In Erweiterung dieser Definition wird man aber – wiederum aus Gründen der fairen intellektuellen Parität – umgekehrt auch erkennen müssen: Ein Politiker reift, wenn er aufhört zu glauben, daß ausgerechnet er die Probleme anderer Menschen lösen könnte. So lange er in diesem Sinne noch unreif ist, muß er zwangsläufig in Selbstüberschätzung dazu neigen, aus falschverstandener Steuerungswut das

Entstehen breiten Wohlstandes zu verhindern. Betrachten wir nach diesen definitorischen Vorerwägungen aber nun endlich konkret, welche einzelnen politischen Faktoren es sind, die unserem allgemeinen Reichtum hinderlich im Wege stehen.

2. KAPITEL

WOHLSTANDS-
VERHINDERNDE UND
WOHLSTANDSZERSTÖRENDE
STAATSEINGRIFFE

EIN DRAMA
IN FÜNF AKTEN

Wer heute in Deutschland lebt, zahlt Steuern, Gebühren und Beiträge an den Staat. Ein unbestimmtes Gefühl sagt den meisten Bürgern zwar, daß sie recht viel derartiger Abgaben zu leisten haben. Doch in ihrer Mehrzahl glauben diese Menschen bis heute zugleich, der Staat gebe dieses Geld im wesentlichen auch wieder sinnvoll aus. Weiter glaubt die Mehrheit anscheinend noch immer, es ginge weiten Bevölkerungskreisen ohne diese staatlichen Verteilungsmechanismen schlechter. Insbesondere wären in diesem Falle alle jene benachteiligt, die Schicksalsschläge erleiden mußten. Folgerichtig hat es in dieser Weltsicht mit der Umverteilung von Geldern durch staatliche Institutionen – jedenfalls im großen und ganzen – irgendwie seine Richtigkeit. Schließlich wolle man nicht in Indien leben, wo bittere Armut auf allen Straßen und Plätzen allgegenwärtig sei. Vielfach wird sogar erklärt, es gelte, „amerikanische Verhältnisse" zu verhindern. Besonders dies verwundert immer wieder, weil doch sonst allgemein bekannt ist, daß ausgerechnet in den USA großer Wohlstand herrscht. Und obwohl – wie Kai Diekmann kopfschüttelnd feststellt – „das Ziel fast aller Emigranten immer die USA sind"[12]. Gegen die bittere Armut Indiens und gegen die „soziale Kälte" der USA scheint also nur die Umverteilung von Geldern durch staatliche Behörden verlässlich zu schützen.

Am liebsten orientiert sich ein dergestalt sozial gesinnter Durchschnittsdeutscher in solchen Diskussionen an skandinavischen Ländern. Denn diese stehen seit jeher in dem – ganz diffusen – Ruf, uns irgendwie voraus zu sein. Daß dieser flimmernde Glaube an das schon verwirklichte Bessere in unseren nördlichen Nachbarländern auf keinerlei substantieller Tatsachenkenntnis basiert, hat Harald Schmidt kürzlich zu der bösen Bemerkung veranlasst: „Die Dörtes und Mettes kurz vorm Nordpol machen schon im Kindergarten Abitur, studieren parallel zur Schreinerlehre in lichtdurchfluteten Sauna-Universitäten Computer, Medizin und das Leben und starten fünf Minuten nach der Haugeburt zur Goldmedaillenjagd im Biathlon."[13] Die allgemeine Überzeugung der Bevölkerung, daß es mit dem deutschen Abgaben-, Steuer- und Zuteilungsstaat schon irgendwie seine Richtigkeit habe, beruht nach alledem auf einem nur sehr brüchigen Fundament von Informationen.

Alle rechtlichen Regeln einer Gemeinschaft, insbesondere auch die des Steuer- und Abgabenrechtes, können allerdings nur dann auf längere Sicht Bestand haben, wenn sie von der überwiegenden Mehrheit der betroffenen Menschen auch tatsächlich akzeptiert werden. Diese Akzeptanz schwindet jedoch genau dann, wenn das derzeit noch weithin herrschende, unbestimmte Gefühl, es habe all dies schon irgendwie unhinterfragt seine Richtigkeit, eines Tages durch eine unerbittlich andere Erkenntnis ersetzt wird. Durch die Erkenntnis nämlich, daß die staatliche Verwaltung unseres öffentlichen und privaten Vermögens alles andere als sinnvoll – und damit gemeinschaftsdienlich – organisiert ist. Kurz: In dem Moment, in dem eine kritische Masse von Bürgern erkennt, wie wenig menschenfreundlich unsere staatliche Umverteilung in ihren Ergebnissen tatsächlich ist, wird sich deren Legitimation ins Nichts verflüchtigen.

Bernd Rüthers führt zu diesem traditionell durchaus fragilen Verhältnis zwischen einerseits staatlich gesetztem Recht mit Geltungsanspruch und Sanktionsgewalt sowie andererseits der Akzeptanz und Moral einer Bevölkerung aus: „Volle und dauerhafte Wirkung gewinnt das staatlich gesetzte Recht erst durch die Annahme im Volk. ... Wenn eine staatliche Normsetzung von der breiten Mehrheit der Bevölkerung entschieden abgelehnt wird, ... entsteht ein Gegensatz zwischen dem Recht und der Rechtsüberzeugung. ... Staatliche Norm und Rechtskultur fallen auseinander. Solche Normen können dann noch mit staatlicher Sanktionsgewalt durchgesetzt werden. Aber ihre Anerkennung als Recht ist dauerhaft in Frage gestellt. ... Deshalb benötigen die normsetzenden Instanzen ein feines Gespür für die Grenzen der Akzeptanz bei der Rechtsgestaltung. ... Werden die Grenzen der Akzeptanz eklatant verfehlt, so entbehrt das akzeptanzlos gesetzte Recht ungeachtet seiner juristischen Geltung der moralischen Anerkennung als Recht. Es kann nur noch mit Sanktionsdrohungen erzwungen werden.“[14]

Sind diese Grenzen der Akzeptanz in unserem geltenden Steuer- und Abgabenrecht, in unserem Sozial- und Subventionswesen, in unserer Eigentums-

und Wirtschaftsordnung heute noch beachtet? Oder hat der Staat bereits überzogen? Gibt es möglicherweise schon zu viele Regeln und Beschränkungen? Kostet uns das Phänomen „Staat" heute zu viel? In sprachlicher Hinsicht ist hierbei besonders interessant, daß die meisten Deutschen bis heute den Begriff der „Ausbeutung" noch immer eher mit Unternehmen und Arbeitgebern verbinden, als mit ihrem Staat. Dieses sprachliche Gefühl hat – noch – Auswirkungen auf die emotionale Befindlichkeit gegenüber diesen Zusammenhängen. Hellsichtigere Denker wie Nicolás Gómez Dávila haben den aktuelleren Anwendungsfall des Begriffs von der „Ausbeutung" durch einen modernen Staat indes bereits auf eine neue Formel gebracht: „Keine soziale Klasse hat die anderen unverschämter ausgebeutet als die, die sich heute selbst ‚Staat' nennt."[15] Und schon Northcote Parkinson beschrieb sein unbestimmt aufkommendes Gefühl als Steuerzahler im ausgehenden 20. Jahrhundert, „daß nie zuvor in der Geschichte der räuberischen Erpressung des Menschen durch den Menschen so viele Leute so wenigen Leuten so viel geschuldet haben"[16].

Werden wir Bürger in Deutschland von unserem Staat also „ausgebeutet"? Haben unsere Gesetzgeber am Ende jenes feine Gespür für die Grenzen der Akzeptanz, von dem Bernd Rüthers spricht, tatsächlich bereits verloren? Und wie wird die moralische

Beurteilung unserer Gesetze durch die Bevölkerung ausfallen, sobald sie das ganze Ausmaß der Ausbeutung auch emotional erfaßt?

„Ausbeutung?" höre ich Sie sagen, „Hier wird doch niemand ausgebeutet!". Doch – langsam: Fragen wir nach staatlicher Ausbeutung in diesem Sinne, so entdecken wir bei genauer Betrachtung vor unserer eigenen Tür in der Tat ein bemerkenswertes Drama. Ein Drama von erheblichem Ausmaß. Ein Drama in fünf Akten.

1. ABSCHNITT

DER 1. AKT UNSERER AUSBEUTUNG: DIE ABGABENLASTEN

Bisweilen können wir in unseren Medien einen bizarren Streit verfolgen. Politiker und Statistiker streiten dann, ob die sogenannte „Abgabenquote" eher bei 47,8%, bei 48,4%, oder vielleicht doch schon bei 50% liege[17]. Gemeint ist dabei im Kern nichts anderes als dies: Wie viele Tage unseres Jahres arbeiten wir für unser eigenes Portemonnaie und wie viele Tage für Finanzamt und Sozialkassen? Oder – in anderen Worten – wie viele meiner Finger gehören noch mir und wie viele Finger arbeiten schon für andere?

Wie stets bei solchen Streitigkeiten um Statistik helfen die üblicherweise genannten Zahlen nicht wirklich weiter. Im Gegenteil. Sie verwirren in Wahrheit nur. Roger Willemsen und Traudl Bünger haben Dieter Hildebrandt zu diesem Thema kürzlich die schönen Worte in den Mund gelegt: „Vorsicht! Benjamin Disraeli warnt: ‚Es gibt drei Arten von Lügen: Lügen, verdammte Lügen und Statistiken.' Und der Volksmund weiß: ‚Die Lüge hat zwei Steigerungsformen: Diplomatie und Statistik.'"[18]

Reißt man dieser „verdammten Diplomatie" also einmal die Maske der Unwahrhaftigkeit herunter, entdeckt man zunächst dies: Will ich als Unternehmer meinem Angestellten monatlich netto EUR 1.500,— auszahlen können, so muß ich mit ihm – bei einer Abgabenquote von 50% – einen monatlichen Bruttolohn von EUR 3.000,— vereinbaren. Die eine Hälfte davon erhält er selbst „netto", die andere der Staat. Mathematik kennt keine Gnade[19].

Auch mit dieser hälftigen Teilung habe ich seine Abgabenlast aber noch immer nicht vollständig erfüllt. Denn um überhaupt sowohl ihm die versprochenen EUR 1.500,— als auch dem Staat (seinem Finanzamt, seiner Krankenkasse, seiner Arbeitsagentur, seiner Rentenkasse, seiner Pflegeversicherung etc.) pflichtschuldigst Monat für Monat nochmals EUR 1.500,— auszahlen zu können, muß ich als Unternehmer zunächst noch sehr viel mehr Geld erwirtschaften. Und das kommt so:

Weder in jenen EUR 1.500,— noch auch in den EUR 3.000,— ist nämlich die zusätzlich noch anfallende Umsatzsteuer (im Volksmund: Mehrwertsteuer) enthalten. Anders gesagt: Um einerseits an meinen Mitarbeiter und andererseits an unseren Staat überhaupt insgesamt jene EUR 3.000,— überweisen zu können, muß ich meinen eigenen Auftraggebern noch weitere 19% Umsatzsteuer hierauf in Rechnung stellen. Damit reden wir also schon von EUR 3.570,—. Nehme ich diesen Betrag nicht ein, kann ich meinem Angestellten auch keine EUR 1.500,— bezahlen. Mathematik kennt wirklich keine Gnade. Bei dieser Rechnung sind übrigens die weiteren Kosten unseres Betriebes, beispielsweise die Miete für unser Büro, dessen Beheizung, Beleuchtung und Möblierung, noch gar nicht berücksichtigt. Auch all dieses Geld muß ich bei meinen Auftraggebern Monat für Monat erdienen. Wir können aber für die Zwekke der hiesigen Darstellung zunächst ohne weiteres bei den reinen Arbeitskosten bleiben. Es ist nämlich alles – wie wir sehen werden – auch ohne diese weiteren Kosten schon ernüchternd genug.

Anläßlich der geistig-moralischen Wende, die mit dem Regierungswechsel des Jahres 1982 in der Bundesrepublik Deutschland angestrebt war, soll Helmut Kohl einmal geäußert haben, Abgabenlasten von über 50% halte er für Kommunismus[20]. Nach diesem Verständnis bewegt sich heute jeder arbeitende Deutsche wirtschaftlich definitiv im Bereich des Kommunismus. Nur die mühevolle terminologische Zuordnung des Umsatzsteueranteiles in die Verantwortung des Arbeitgebers und die gleichzeitig irreführende Differenzierung von Arbeitgeber- und Arbeitnehmerbeiträgen im Steuer- und Sozialversicherungsrecht kaschieren noch die sonst zutage tretende, entsetzte Erkenntnis: Schon unter diesen Voraussetzungen gehören heute mindestens sechs meiner fleißigen zehn Finger dem Staat!

Mit diesen ersten Zahlenspielen ist jedoch das Ende des Schreckens bei weitem nicht erreicht. Der ausbeutende Zugriff unseres Staates in den Fleiß und Schweiß seiner Bürger geht noch weiter und tiefer. Und das hat etwas damit zu tun, daß man Geld – wie wir dankenswerterweise belehrt wurden – nicht essen kann.

Mein Angestellter mag nämlich nach dem Gesagten zuletzt jene EUR 1.500 tatsächlich auf seinem Konto finden. Dennoch knurrt sein Magen weiter. In seinem Briefkasten liegen die Rechnungen für Strom, Gas und Wasser. Die nächste Rate für sein Auto wird fällig und für den Urlaub möchte er auch Rücklagen bilden. Kurz: Der überwiesene Geldbetrag will wieder in solche Waren und Dienstleistungen verwandelt werden, mit denen er wirklich etwas anfangen kann. Und genau damit wird es jetzt besonders haarig. Nehmen wir für die weitere hiesige Berechnung – und damit Sie mir hier nicht gleich frustriert die weitere Lektüre einstellen! – den Helmut-Kohl'schen Index für Kommunismus von 50% Abgabenlast als gegebene Größe an[21]. Dann würde der Angestellte, wenn er sich zum Beispiel eine Eigentumswohnung für EUR 100.000 kauft, Steine im Gegenwert von nur EUR 50.000 erhalten. Denn auch der Erbauer der Wohnung muß ja genau wie jeder seiner Zulieferer und Zuarbeiter – getreu dem Index – 50% seiner Einnahmen an den Staat abführen. Genau so wie jeder, der hier arbeitet.

Um aber an den Baumeister überhaupt diese EUR 100.000 zahlen zu können, muß der kaufwillige Erwerber seinerseits erst einmal EUR 200.000 verdient haben. Denn EUR 100.000 kann er bekanntlich für seine privaten eigenen Zwecke nur und erst dann ausgeben, wenn er zuvor einen Betrag in gleicher Höhe an den Staat abgeführt hat. So lautet die unerbittliche Rechnung, wenn wir zwischen privat und Staat stets hälftig teilen müssen. Sie erinnern sich: Man kann zwar Gnade vor Recht ergehen lassen, aber eben nicht Gnade vor Mathematik.

Aus alledem folgt nun dies: Der simple und alltägliche Sachverhalt, daß ein Mensch mit seiner Hände Arbeit Geld verdient und anschließend mit diesem Geld seinen Lebensunterhalt bestreitet, führt zu einem Verlust von (mindestens!) 75% der eigenen ursprünglichen Fleißleistung. Um eine Wohnung im realen Substanzwert von EUR 50.000 erwerben zu können (Kreditfinanzierungen über Jahrzehnte und

Nebenkosten der Erstehung zur Frustrationsvermeidung noch einmal ganz außer Betracht gelassen!), muß der Gegenwartsdeutsche schon bei dieser Betrachtung EUR 200.000 verdienen.

Die Empörung über all dies hält sich bislang noch in ganz erstaunlichen Grenzen. Eher genervt als aufgebracht protokollieren unsere Medien die skizzierte 75%-Regel der Fleißvernichtung. So heißt es beispielsweise, daß ein Handwerker selber vier Stunden arbeiten muß, um dann aus seinem Verdienst einen Kollegen nur eine Stunde für sich arbeiten lassen zu können[22]. Der nach meinem Empfinden längst überfällige Schrei des Entsetzens darüber blieb aber bislang aus. Erklänge er für breitere Bevölkerungskreise vernehmlicher, würde zudem offenbar, daß es eher fünf bis sechs Stunden sind, die ich arbeiten muß, um mir einen Kollegen für eine Stunde leisten zu können. Ich habe ernste Zweifel, ob derlei Relationen mit dem moralischen Empfinden der Mehrheit in Einklang stünden. Vorläufig gilt wohl noch: Was sie nicht weiß, macht sie nicht heiß.

Doch zurück zu unserer Betrachtung der allgemeinen Fleißvernichtung. Sie gilt nicht nur für den skizzierten Erwerb einer Immobilie. Vielmehr greift dieselbe Rechnung in derselben Weise für jede andere Ware, die wir uns kaufen. Und für jede Dienstleistung, die wir in Anspruch nehmen. Für jedes Brötchen. Für jede Wurst. Für jede Zahnbürste, jedes

Auto, jeden Toaster, jede Socke, jeden Pullover, jede Kilowattstunde Strom, aber auch für jeden Haarschnitt, jede Babysitter-Stunde, jede Rohrreinigung, jeden Quadratmeter Hausreinigung. Und für jede Handreichung in der Behinderten- oder Altenpflege. Für jedes und für alles[23]. Sogar für jeden Euro der staatlichen Rundfunkgebühr. Und damit eröffnet sich gleich eine weitere Dimension unserer Ausbeutung durch den Staat.

Denn immer dann, wenn wir – wiederum staatlicherseits – gezwungen werden, Zahlungen zu erbringen, für die wir eine Gegenleistung vielleicht gar nicht in Anspruch nehmen möchten, intensiviert sich die Ausbeutung durch den Staat noch weiter.

Legt man nämlich die eben genannte Abgabenquote von 75% auf unseren Fleiß (in Wahrheit liegt sie, wie gesagt, noch weit höher[24]) zugrunde, dann stellt man recht bald fest, wie früh in jedem Jahr man mit dem Urlaub anfangen könnte, müsste man nicht unseren Staat unterhalten. Der 31. März wäre in jedem Jahr der letzte Arbeitstag. Weiter ginge es erst am nächsten 2. Januar. Wohlgemerkt: Ohne jede auch noch so geringe Reduzierung des gewohnten Lebensstandards! Dieser Arbeitsrhythmus wäre allerdings nicht nur außerordentlich entspannt. Er würde zusätzlich auch erheblich Kosten sparen. Alle diejenigen Kosten nämlich, die wir sonst von April bis einschließlich Dezember aufwenden müssen, um überhaupt zu unserer Arbeitsstelle zu kommen. Diese Kosten betreffen insbesondere den leidigen Weg zur Arbeit. Leidig ist dieser Weg mindestens wegen der Fahrt- und Spritkosten. Die nämlich müssen wir inzwischen aus unserem versteuerten Einkommen bezahlen. Jedenfalls dann, wenn wir weniger als 20 km zu unserem Arbeitsplatz zurücklegen (vorausgesetzt, das einschlägige Steuergesetz ändert sich zwischen meiner Niederschrift und Ihrer Lektüre dieser Zeilen nicht wieder).

Mit anderen Worten: An jedem Tag, an dem wir morgens an unserem Arbeitsplatz ankommen, müssen wir zunächst einmal das Geld verdienen, das wir dem Tankwart zu bezahlen hatten, um überhaupt zur Arbeit gekommen zu sein. Für dieses energiereiche Geschäft reicht auch nicht einmal mehr unsere 75%ige Verlustquote von eben. Und das kommt so: Selbst wenn Sie persönlich zu den Glücklichen zählen sollten, die tatsächlich noch am Rande des Helmut-Kohl'schen Kommunismus-Index Steuern und Beiträge für ihre eigene Arbeit bezahlen (was äußerst unwahrscheinlich ist), dann sprengen Sie diese Marge spätestens mit jedem Tankstellenbesuch bei weitem. Denn in jedem Euro Sprit stecken stets runde 80% Steuern. Mit Mineralölsteuer. Mit Umsatzsteuer auf die Mineralölsteuer. Und mit gesetzlichem Bevorratungsbeitrag. Tendenz ökologisch steigend. „Nun", höre ich Sie sagen, „das ist je einseitig gesehen, denn der Staat tut ja auch etwas für all das Geld, das er mir abnimmt. Von daher kommt mir also auch wieder einiges zugute!" In der Tat ist unser Staat sehr eifrig und umtriebig. Zwischen seinem Pfirsichbaumrodungsrecht, dem ausersehenen Geweberecht (das ist kein Schreibfehler sondern betrifft ernsthaft das menschliche Gewebe!), seiner Marmeladenverordnung und dem naturwissenschaftlich fundierten Entwurf für eine Europäische Sonnenscheinrichtlinie[25] werden von ihm sehr, sehr viele Verwaltungsaufgaben bewältigt.

Damit Sie die folgenden Seiten hier jedoch mit möglichst großem Gewinn lesen, erlaube ich mir, Ihnen einen Vorschlag zu machen: Nehmen Sie sich parallel zur hiesigen Lektüre einen Zettel zur Hand und notieren Sie immer gleich alles, wovon Ihnen einfällt, daß der Staat es „unentgeltlich" und zufriedenstellend für Sie erledigt. Zuletzt werden Sie dann für sich persönlich ermitteln können, ob die von ihm für Sie erledigten Aufgaben einen guten Preis haben, oder ob Sie diese Leistungen vielleicht selber anders billiger hätten erstehen können[26] . Die Zielmarke muß hierbei natürlich in etwa sein, daß der Staat Ihnen Leistungen „schenkt", die Ihr Nettoeinkommen um rund 300% erhöhen[27] . Erreichen Sie diesen Index, haben Sie eine sozusagen ausgeglichene individuelle Leistungsbilanz gegenüber der Staatskasse. Den Anfang könnte – weil wir gerade beim Thema waren

– Ihr täglicher Weg zur Arbeit machen. Nehmen Sie an, Sie besitzen politisch korrekt und feinstaubsensibel auf ihrer Windschutzscheibe einen Aufkleber der richtigen Farbe und sind demnach noch berechtigt, mit ihrem neun Jahre alten Wagen in die Innenstadt zu fahren. Dort stehen Sie vor dem urbanen Trilemma eines jeden Autofahrers: Entweder, Sie fahren (1) verbrauchsungünstig immer weiter im Kreis um den Block. Oder Sie parken (2) auf der Straße. Oder Sie fahren (3) in ein Parkhaus. Variante (1) scheidet aus. Ihr Chef will nicht auf Ihrer Rückbank arbeiten. Variante (2) führt zu einem Strafmandat der Gemeinde. Und Variante (3) produziert Stellplatzkosten. Je höher die Wahrscheinlichkeit ist, daß Sie von einer Politesse erwischt werden, desto größer ist Ihre Bereitschaft, in ein Parkhaus zu fahren. Stimmt's? Und je teurer die Verwarnungsgelder der Gemeinde taxiert sind, desto eher sind Sie bereit, einen hohen Preis für die Garage zu zahlen. Merken Sie etwas? Richtig! Die Politessenwirtschaft auf der Straße treibt die Preise in der Garage nach oben. Und das wieder freut die öffentlichen Kassen. Denn entweder das Geld fließt via Bußgeldbescheid an den Fiskus oder es fließt via Steuerzahlung des Garagenbetreibers dorthin[28]. Ein afrikanischer Diktator sagte vor einiger Zeit in die Kameras der Weltpresse: „Yes, public-private-partnership does work!". Zur besonderen Vertiefung dieser Erkenntnis schälen Sie bitte jetzt eine Kartoffel. Stülpen Sie sie auf eine möglichst fünfzackige Gabel, damit sie keinesfalls außer Kontrolle gerät, und ziehen Sie dann mit einem Messer vorsichtig die Pelle ab. Stück für Stück. Das fetzt.

Bevor wir nun in der Darstellung unseres fünfaktigen Ausbeutungsdramas fortfahren, sollten wir kurz innehalten und überlegen, welche Auswirkungen es hätte, wären nicht bei jeder wirtschaftlichen Transaktion zugleich derartige Gewaltlasten von Abgaben an staatliche Stellen abzuführen.

Naturgemäß verblieben die gesamten Beträge zunächst einmal in unserer eigenen Verfügungsbefugnis als Bürger. Wir könnten also erstens weitaus mehr ausgeben und weitaus mehr einkaufen, als wir es derzeit tun. Damit würden wir aber zweitens auch zwangsläufig weitaus mehr andere Menschen mit Arbeit beschäftigen, als wir es derzeit können. Denn jeder Kauf und jede von uns in Anspruch genommene Dienstleistung ernährt unausweichlich immer unseren jeweiligen Vertragspartner.

Würden wir also nicht einen weiteren Säumniszuschlag von EUR 20 auf ein verspätet überwiesenes Bußgeld an die Stadtkasse zu entrichten haben, dann wäre uns – um nur irgendein Beispiel zu nennen – möglich, in einem Dritte-Welt-Laden für dieses Geld Weihnachtsbaumschmuck zu kaufen, den eine afrikanische Mutter in Handarbeit gefertigt hätte. Das würde wiederum diese afrikanische Mutter in den Stand setzen, ihr Kind viele Monate auf eine Schule schicken zu können. Ein anderes Beispiel: Wäre es nicht auch besser, wir könnten Menschen dafür bezahlen, Schulbücher zu drucken, statt immer mehr Gesetz- und Verordnungsblätter, mit denen unserer Staatsbürokratie Jahr um Jahr immer neue Verwaltungsvorschriften gemacht werden? Vielleicht gäbe es dann sogar wieder Eltern in Deutschland, die statt nur einem Kind gleich zweien oder dreien das Leben schenken – weil sie es sich leisten könnten![29]

Gewöhnen Sie sich anstelle derartiger Überlegungen aber schon einmal langsam an den Gedanken, daß unser Staat sich alleine durch sein Abgabenrecht bereits etwa sieben Ihrer Finger angeeignet hat, um genau das nicht zu tun.

Wer allerdings glaubt, die damit umrissene Ausbeutung des Bürgers durch den Abgabenstaat stelle schon das gesamte Spektrum der fiskalischen Mißlichkeiten unseres Landes dar, der sieht sich wiederum – wie schon bei der Statistik über seine Abgabenquote – weidlich getäuscht. „Ich habe nichts gegen Lügen; aber ich hasse Unakkuratesse!", pflegte Arno Schmidt zu sagen[30]. Seien wir also akkurat und betrachten wir den zweiten Akt der staatlichen Ausbeutung: Die Geldpolitik.

Diese zu verstehen ist zwar anfangs immer etwas sperrig. Aber wer sich einmal durch die wenigen elementaren Grundsätze hindurchgebissen hat, für den ändert sich meist der Blick auf das Geld – insbesondere auch auf sein eigenes! – ganz erheblich. Mir jedenfalls ging es so.

2. ABSCHNITT

DER 2. AKT UNSERER AUSBEUTUNG: DIE GELDPOLITIK

Ich hatte lange Zeit nicht verstanden, was Geldpolitik wohl sein könnte. Erst als ich mich fragte, was überhaupt „Geld" ist und woher es kommt, wurden mir die Dinge langsam klarer. Obwohl Geld nämlich eine eminent wichtige Rolle in unser aller Leben zu spielen scheint, herrschen hierüber gemeinhin nur sehr diffuse Vorstellungen. Wer in seiner Familie oder in seinem Bekanntenkreis schon einmal die Frage gestellt hat, was denn eigentlich „Geld" genau sei, der wird das bunte Spektrum der möglichen Antworten kennen. Und er wird ermessen, welche bemerkenswerten Fehlvorstellungen darüber kursieren, was wir Tag für Tag in unseren Taschen mit uns herumtragen. Sollten Sie also demnächst ein langweiliges Familienfest erwarten, nehmen Sie sich diese Frage mit. Das Fest wird dadurch sicher durchaus lebendig.

Doch nicht nur das Alltagsplaudern über dieses Thema führt zu immer wieder erstaunlichen Definitionen. Den einschlägigen Wissenschaften geht es nicht anders! Ein juristisches Standardwerk zum deutschen Kreditwesengesetz etwa definiert tatsächlich: „Geld ist Bargeld in Form der gesetzlichen Zahlungsmittel der jeweiligen Länder und Buchgeld"[31]. Diese Definition besticht nicht nur durch ihren schon dem Laien offenkundigen Charakter eines Zirkelschlusses (Geld ist Bargeld und Buchgeld?). Sie nimmt zudem auch noch erweiternd Bezug auf das sogenannte „gesetzliche Zahlungsmittel". Doch – den juristischen Laien mag es erschüttern – auch eben dieses Gesetz selbst definiert an keiner Stelle, was überhaupt Geld ist: „Im Bürgerlichen Gesetzbuch werden die Begriffe Geld und Geldschuld gebraucht, aber nirgends definiert", stellt Dietrich Schefold in einem juristischen Standardwerk zum Bankrecht zutreffend fest[32].

Damit bei weitem aber immer noch nicht genug. Wähnte sich der Leser gerade noch sicher, daß wenigstens sowohl Bargeld als auch Buchgeld „Geld" seien, so wird er von den Wissenschaften sogleich auch hier wieder eines Besseren belehrt: „Nach bisher herrschender Auffassung ist Buchgeld kein Geld im Rechtssinne"[33]! Jedenfalls ‚herrscht' diese Auffassung in Deutschland. In den Niederlanden ist es schon wieder anders. Und was in Europa gilt oder einst gelten wird, weiß derzeit niemand ganz genau. Nur so viel scheint sicher: Den volkswirtschaftlichen Ansatz, schlichtweg alles das als Geld anzusehen, was Zahlungsfunktionen erfüllt oder im Verkehr als Zahlungsmittel anerkannt wird, mögen Juristen nicht teilen[34].

Wie stets in solchen Fällen, in denen die Welt nicht gleich handhabbare Lösungsvorschläge für vorgefundene Probleme unterbreitet, werden wir also auch hier für unsere Zwecke nicht umhin kommen, uns einige eigene Gedanken darüber zu machen, was denn Geld eigentlich ist[35].

Als wir – Sie und ich – noch im Neandertal mit Ästen und Steinen auf vorbeilaufende Hasen eindroschen, waren die Verhältnisse in Bezug auf Geld übersichtlich. Eines Tages kam ich Astbesitzer zu der Überzeugung, besser mit einem formschönen Stein jagen zu können. Und Sie Steineigentümer glaubten, mit einem elegant gewachsenen Ast wäre die Pirsch viel einfacher. Wir trafen einander, betrachteten wechselseitig unsere Jagdgeräte und kamen überein, zu tauschen. Stein gegen Ast, Ast gegen Stein. So weit, so gut.

Dann wurden die Verhältnisse komplizierter. Wir trafen uns tausende Jahre später wieder. In Rom. Sie besaßen einen rubingeschmückten Helm des stolzen römischen Militärs. Ich betrieb eine Getreidemühle. Sie hatten Hunger und brauchten einen Beutel Mehl, mir gefiel ihr Helm. Aber wie sollten wir wertmäßig so weit auseinanderliegende Dinge tauschen? Sie mochten nicht mehrere Tonnen Mehl abtransportieren und mir war mit einem Splitter aus ihrem Helm nicht gedient.

Dankbar stellten wir fest, daß unsere Mitmenschen zum Zeitpunkt unserer zweiten Begegnung bereits etwas erfunden hatten, was sie „Geld" nannten: Auf dem Umweg über diesen dritten Gegenstand – Geld – wurde uns nun trotz größerer Komplexität und Ungleichheit der Tauschgegenstände möglich, in einen Tauschhandel einzutreten. Wir nahmen einfach Maß an dem dritten Gegenstand! Sie maßen Ihren Helm daran und ich mein Mehl. Dann leistete ich neben dem relativ weniger wertvollen Beutel Mehl weitere Zahlung an Sie durch ergänzende Hergabe von Geld. Wir kamen also wiederum ins Geschäft. Der indirekte Umweg unseres Tausches über das Geld hatte uns unser Geschäft doch noch ermöglicht.

Bei dieser unserer zweiten Begegnung bedienten wir uns (wenn ich mich recht erinnere) römischer Münzen, sogenannter Sesterzen. Der Weg zu diesen Münzen war aber für die Menschheit bereits komplex und steinig gewesen. Denn bevor Menschen

Münzen nutzten, griffen sie zu allerlei anderen verschiedenen „dritten Gegenständen", um ihre sonst umständlichen Tauschhandel – indirekt – doch noch zu ermöglichen.

Murray Rothbard hat diese Entwicklung anschaulich beschrieben: „Beim indirekten Tausch verkauft man seine Ware nicht für ein Gut, das man direkt benötigt, sondern für ein anderes Gut, das man wiederum für das eigentlich gewünschte Gut verkauft. ... Wenn ein Gut marktgängiger als ein anderes ist, so wird es stärker nachgefragt, weil es als Tauschmittel gebraucht wird. ... Es ist klar, daß in jeder Gesellschaft nach und nach die marktgängigsten Güter als Tauschmittel ausgewählt werden. ... Schließlich werden ein oder zwei Güter als allgemeine Tauschmittel verwendet, und diese nennt man Geld. ... Über die Jahrhunderte hinweg sind zwei Güter, Gold und Silber, aus dem freien Wettbewerb des Marktes als Geld hervorgetreten. ... Aus unseren Erörterungen ergibt sich eine höchst wichtige Erkenntnis über Geld: Geld ist eine Ware. ... Wie bei allen anderen Waren wird sein ‚Preis' – ausgedrückt in anderen Gütern – durch das Zusammenwirken des gesamten Angebotes und der gesamten Nachfrage aller Leute, die es kaufen und halten wollen, bestimmt. ... Ohne Geld könnte es keine wirkliche Spezialisierung geben. ... Die Einführung des Geldes bringt auch einen anderen großen Vorteil mit sich.

Da alle Tauschhandlungen in Geld erfolgen, werden alle Tauschverhältnisse in Geld ausgedrückt, und so können die Leute jetzt den Marktwert jedes Gutes mit dem eines anderen Gutes vergleichen. ... Tauschverhältnisse sind Preise und die Geldware dient als gemeinsamer Nenner für alle Preise.“[36]

Gold und Silber waren nun gerade deswegen ein so beliebtes Tauschgut, weil es – mit den resümierenden Worten von Roland Baader – „1. von vielen oder von den meisten Leuten geschätzt wurde, ... 2. in fast beliebige Teilmengen zerlegbar, ... 3. leicht zu transportieren war, ... 4. im Zeitablauf nicht verdarb, ... 5. genau gewogen werden konnte ... 6. nicht leicht zu fälschen war und ... 7. knapp, das heißt nicht beliebig vermehrbar war.“[37]

Dieses Zusammenspiel von Wertmessung, Abstraktion, Geld – und zuletzt dann auch der Institution ‚Bank' – ist von Hans-Peter Schwintowski sehr schön beschrieben worden: „Etwa 5000 vor Christus entwickelte sich bei den Babyloniern und den alten Ägyptern eine arbeitsteilige Gesellschaft, die zur Abwicklung ihrer Tauschprozesse erstmals einen abstrakten Wertmesser verwendet. Es entsteht die Idee des Geldes als Wertmaßstab. ... Als Wertmaßstab dienen Gold, Silber, Gerätschaften, Muscheln oder Vieh. ... Geld ist wertvoll, es muß an einem sicheren Ort aufbewahrt werden. ... Die Bank ist somit die organisatorische Antwort auf die Idee des

Geldes."[38] Auf historischen Umwegen, die für unseren hiesigen Zusammenhang nicht interessieren, wurde aus diesem ursprünglichen Gold- und Silber-Warengeld zunächst geprägtes Metall namens Münzen und dann irgendwann Papiergeld. Vielleicht mag für diese Entwicklung wiederum zunächst unsere menschliche Trägheit den Ausschlag gegeben haben. Wir hatten einfach keine Lust, ständig Zentnerlasten von Edelmetallen oder Muscheln mit uns herumzuschleppen. Der Aufdruck auf dem Papiergeld repräsentierte schlicht das Besitzrecht des Papierinhabers an bestimmten, ausgewiesenen Gold- oder Silbermengen. Das war bequem, denn Papier ist nun einmal leichter als ein Barren Gold, es riecht in der Regel besser als ein Schaf und man kann es in der Mitte knicken.

Zugleich aber brachte diese vordergründige Vereinfachung mindestens zwei Probleme mit sich: Zum einen ist Papier leichter zu fälschen als Edelmetalle. Und zum anderen hat es keinen eigenen Wert. Genau das aber war einer der wesentlichen Vorteile des metallenen Warengeldes. Jede Goldmünze läßt sich beispielsweise zu einem Nasenring und jeder Silberbarren in ein Bauchnabelpiercing verwandeln. Diademe aus Papier wirken demgegenüber nur wenig beeindruckend und werden im freien Verkauf immer nur langweilige Preise erzielen. Jörg Guido Hülsmann schreibt: „Seinem Wesen nach leistet Papiergeld nur

Gelddienste, während Warengeld zweierlei Dienste leistet: als Geld und als Ware. Es folgt, daß die für Papiergeld gezahlten Preise auf Null schrumpfen können, während der Preis für Warengeld immer positiv sein wird."[39]

Mit der allgemeinen Abwendung vom metallenen Warengeld hin zum staatlichen Papiergeld ergaben sich dann bald auch außerordentlich einschneidende Änderungen: In Deutschland beispielsweise war die im Jahre 1875 gegründete Reichsbank ursprünglich noch gesetzlich verpflichtet, ihre Papierbanknoten jederzeit im Verhältnis von 1.329 Mark zu einem Pfund physischen (also: anfaßbaren!) Goldes einzulösen. Dann aber schaffte der Gesetzgeber diese Einlösepflicht im Jahr 1914 mit der heraufdrohenden Kriegsgefahr ab. Das wertsichernde Band zwischen einerseits begrenzt verfügbarem Gold und andererseits prinzipiell unbegrenzt verfügbarem Papier wurde dadurch zerschnitten. Gold und seine begrenzte Menge spielten mit einem Mal keine Rolle mehr. Der Staat konnte von nun an Papiergeld drukken, solange er nur die Druckmaschinen in Lauf hielt. Der Charakter von Geld als einer Ware ging verloren.

Die dadurch ermöglichte deutsche Hyperinflation bis in das Jahr 1924 schmolz die gesamten deutschen Kriegsschulden von 154.000.000.000,00 Mark auf die Kaufkraft von nur noch sagenhaften 15 Vorkriegspfennigen zusammen[40] . Anders gesprochen: Was vor der Inflation 0,15 Papier-Mark gekostet hatte, musste an deren Ende mit 154 Milliarden Papier-Mark bezahlt werden. Der moderne Staat hatte die Chancen einer von Goldstandards gelösten Papiergeldwährung erkannt und für sich genutzt.

Im Umfang der Entwertung übertraf er seine historischen Vorbilder dabei noch ganz erheblich. Der Edelmetallgehalt des spanischen Dinar beispielsweise reduzierte sich von 65 Gran Gold am Ende des 7. Jahrhunderts auf nur noch 1,5 Gran Silber zur Mitte des 15. Jahrhunderts[41] . Das war schon ordentlich, steht aber an Zeit und Relation diesen zehn Jahren von 1914 bis 1924 in Deutschland erkennbar nach.

Endlich musste man also nicht mehr – wie unmoralische Herrscher in der Geschichte – aufwändig den Metallgehalt von Münzen manipulieren oder zweifelhafte Alchimisten mit der Herstellung künstlichen Goldes beauftragen. Endlich genügte der Bau einer Staatsbank mit entsprechenden Gelddruckmaschinen. Damit ließen sich lästige Staatsschulden nun ganz unbürokratisch durch sanften Druck beseitigen. Nach einer nochmals kurz rückwärtsgerichteten Übergangsphase des sogenannten Golddevisenstandards verließen zuletzt alle Währungen unserer Welt den Goldstandard am 15. August 1971 wieder endgültig[42] . Bis heute. Ein volles Portemonnaie ist also heute kein mittelbarer Goldschatz mehr, sondern ein volles Portemonnaie ist in erster Linie ein Portemonnaie voller Papier.

„Was soll das alles mit unserem hiesigen Thema zu tun haben?" fragen Sie. Nun, es ist für unseren allgemeinen Reichtum von ganz erheblicher Bedeutung. Für unsere – Ihre und meine – dritte virtuelle Begegnung jenseits des Neandertals und Roms gilt nämlich nun dies: Egal, wo wir uns dieses mal weltweit treffen und gleichgültig in welcher nationalen oder übernationalen Währung wir unser nächstes Tauschgeschäft abwickeln, wir messen unsere Waren nicht mehr am Maßstab eines irgend greifbaren dritten Gegenstandes. Sondern wir verlassen uns auf die bloße Wertzusage einer geldausgebenden, staatlichen oder überstaatlichen Institution. Und derartige Zusagen können – wie nicht nur das gleich zweifache inflationäre Beispiel Deutschlands im 20. Jahrhundert zeigt – durchaus mit gewichtigen Unsicherheiten behaftet sein (es sei denn, Sie neigen der Ansicht zu, daß Politik grundsätzlich nicht mit Unsicherheiten einhergehen muß und daß staatsmännischen Zusagen prinzipiell Glauben zu schenken ist).

Welche Menge dieses Papier-Geldes uns ein Staat nun für unsere Transaktionen zur Verfügung stellt, ist zwar von eminenter Bedeutung, unterliegt aber erheblichen Schwankungen. Erinnern Sie sich noch an meinen Ast und Ihren Stein? Beides hatte den gleichen Wert. Denn mit beidem konnte man in der freien Wildbahn des Neandertals in etwa gleichgut tierische Stücke ansprechen. Der indirekte Tausch von Helm gegen Mehl musste demgegenüber am dritten Gegenstand „Geld" gemessen werden. Dabei geschah im Grunde nichts anderes, als hätten wir Ihren Helm und mein Mehl an ein Metermaß gehalten. Zehn Zentimeter Mehl standen fünf Metern Helm gegenüber. Die Differenz von 4 Metern und 90 Zentimetern musste ich in Sesterzen – also in einer anderen „Ware" – dazubezahlen.

Was aber, glauben Sie, würde geschehen sein, wenn der ansonsten bekanntermaßen zuverlässige, mächtige römische Kaiser („Read my lips: I did not have sex with Claudia Agrippina!") just zwischen dem Abmessen Ihres Helmes und meines Mehls plötzlich gesetzlich angeordnet hätte, daß ein römischer Meter ab sofort nur noch zwei englischen Fuß (statt vorher dreien) zu entsprechen habe? Dies hätte unseren Tauschhandel doch erkennbar sehr erschwert. Denn plötzlich wäre uns die verlässliche, einheitliche, dritte Meßgröße für unser Geschäft verloren gegangen. Für einen funktionsfähigen, ehrlichen und verlässlichen Handel sind klare und unverrückbare Maßeinheiten also verständlicherweise unverzichtbar.

Das sieht – im Prinzip – auch unser Gesetzgeber so. Und weil er das so sieht, hat er gesetzliche Regeln über die Einheitlichkeit des Messwesens erlassen. Eichämter wachen peinlich genau darüber, daß Maße exakt sind. Längenmaße. Gewichte. Kraftbezeichnungen. Alles, was gemessen und verglichen werden muß. Ihr Kilo wiegt also exakt so viel wie mein Kilo. Maßeinheiten sind demnach ebenso gnadenlos wie Mathematik. Schummeln ist allenfalls im privaten Bereich nach Schlankheitsdiäten erlaubt. Wer aber zum Beispiel im Geschäftsleben verspricht, 380 Gramm saure Gurken in einem Glas zu verkaufen und nur 378 Gramm einfüllt, der hat schwere Strafen zu erwarten. Damit ist gar nicht zu scherzen. Die Behörden sind unerbittlich. Selbst wer ein Auto unter der Angabe von „PS" anbietet, ohne zugleich klarzustellen, wie viele „kW" der Wagen hat, der hat schon ein rechtliches Problem.

Diese sinnreichen und akzeptieren ordnungspolitischen Spielregeln sind jedoch für den geldpolitischen Zusammenhang erstaunlicherweise außer Kraft gesetzt. Man mag es kaum glauben. Der Laie staunt. Der Fachmann wundert sich aber nicht. In der Tat dürfen die staatlichen Zentralbanken die Geldmengen in ihrer Zuständigkeit frei nach oben und nach unten manipulieren. Genau das tun sie auch beständig. Sie ordnen mal an, daß ein Meter 100 Zentimeter hat, mal, daß er 130 Zentimeter hat und dann wieder, daß er 127 Zentimeter hat.

Anders als die Herrscher des Mittelalters tun sie dies aber nicht ganz heimlich im Keller, um sich dadurch – wie Falschmünzer – illegitime Vorteile zu verschaffen. Vielmehr haben die Zentralbanken unserer Zeit inzwischen vielerlei schlaue und intellektuell erklärbare Theoriegebäude errichtet, um ganz offen und öffentlich sagen zu können, daß genau diese Manipulationen an der Geldmenge das soziale Wohl der Allgemeinheit erst sicherstellen.

Und je weniger die normalen Menschen das noch verstehen, umso sicherer scheint, daß es zwar kompliziert, aber genau deswegen gerade richtig ist[43]. Mehr noch: Wer bestreitet, daß dies seine Richtigkeit habe, zeigt gerade dadurch, wie wenig Ahnung er tatsächlich von der komplexen Materie hat. Denn genau so, wie das System heute ist, ist es gut und richtig. Jörg Guido Hülsmann schreibt: „Alle anerkannten Experten sagen das. Und es wäre natürlich unhöflich, darauf hinzuweisen, daß ein Experte nur dann richtig ‚anerkannt' ist, wenn er auf der Gehaltsliste des Staates steht."[44]

Im Zusammenhang mit der sogenannten amerikanischen Immobilienkrise des Jahres 2007 lasen wir in unseren Zeitungen von Zahlungsproblemen gewisser Banken. Kredite drohten zu „platzen". Nicht nur die Europäische Zentralbank intervenierte in dieser Lage durch eiliges Neuschaffen frischen Geldes und verhinderte so bis auf weiteres die Bankrotte mehrerer Bankhäuser (was schlimmstenfalls vielleicht zu sehr unangenehmen Dominoeffekten quer durch das weltweite Kredit- und Bankenwesen geführt hätte). Die Dimension und Bedeutung dieser Intervention wurde jedoch in der breiten Öffentlichkeit nicht wirklich ansatzweise ernst diskutiert. Passanten auf der Straße erklärten beispielsweise auf Befragen in die Kamera, die amerikanische Immobilienblase interessiere und berühre sie nicht, weil sie keine Immobilien in den USA besäßen. Und das meinten sie ernst.

Die Lockerheit, mit der die sonst gerne panische Öffentlichkeit auf diese Umstände reagierte, muß erstaunen. Denn immerhin schuf alleine die Europäische Zentralbank in wenigen Tagen die geradezu astronomische Summe von rund 100 Milliarden Euro neuen Geldes. Die gesamte Geldmenge M1 in Europa hatte – zum Vergleich – Ende 2006 nur knapp 600 Milliarden Euro betragen[45]. Man stelle sich vor, im Stadtpark von Nürnberg wäre zum gleichen Zeitpunkt nicht nur ein toter Schwan mit Zugvogelgrippeviren gefunden worden, sondern gleich sechs. Wären mehrwöchige nächtliche Ausgangssperren für die gesamte fränkische Bevölkerung noch zu verhindern gewesen?

Die Bedeutung derartiger Papiergeldvermehrungen für jeden einzelnen von uns läßt sich am ehesten durch eine Geschichte ermessen, die wohl David Hume erstmals erzählt hat: Angenommen, eines Nachts beschlösse eine gute Fee, den Menschen einer Stadt etwas Gutes zu tun. Sie flöge über die Häuser der schlafenden Menschen und zauberte ihnen mit ihrem Zauberstab die jeweils doppelte Menge des Geldes in die Taschen, die sich dort am Vorabend befunden hatte. Was wäre wohl das Ergebnis am nächsten Morgen? Alle hielten sich für reich – oder zumindest für reicher als am Vortag.

Die bloße Vermehrung von Scheinen und Blechmünzen in den Taschen der Menschen führte jedoch gerade nicht dazu, daß es am Morgen nun auch auf dem Marktplatz doppelt so viele Äpfel oder Birnen oder Kräuter gäbe. Denn da alle Menschen demnach mehr Geld an die Marktstände trügen, verschöbe sich nur die Relation zwischen Waren und Geld. Kurz: Binnen kürzester Zeit würde alles schlicht doppelt soviel kosten wie noch am Tag vor dem Flug der guten Fee. Gewinner wären lediglich all diejenigen, die am neuen Morgen als erste aufgestanden und zum Markt gegangen waren. Denn sie (und nur sie) konnten in diesem einen Moment noch zu den Preisen des Vortages einkaufen.

„Aber letzte Nacht ist keine Euro-Fee über mein Bett geflogen, jedenfalls ist in meinem Portemonnaie noch exakt soviel Geld wie gestern Abend!", sagen Sie. Und Sie haben damit natürlich recht. Trotzdem steigen die Geldmengen insgesamt – außerhalb Ihrer Taschen – ständig. Unaufhaltsam. Und das seit Jahrzehnten. Als beispielsweise die „harte" Deutsche Mark mit Einführung des Euro abgeschafft wurde, hatte sie 95% ihrer ursprünglichen Kaufkraft bereits eingebüßt[46]. Ursache war wesentlich die Geldvermehrung durch die Bundesbank.

Das Phänomen läßt sich sogar haptisch nachvollziehen: Ein fleißiger Arbeiter in Deutschland verdiente Mitte der 1950er Jahre etwa 250 DM monatlich. Heute erhält er – wenn er sehr fleißig ist – knapp EUR 2.000. Den Verdienst eines Jahres konnte er also 1955 in drei Tausendmarkscheinen mit sich herumtragen. Heute müsste er dafür 48 Scheine zu je EUR 500 einstecken. Aber bloß mehr Papier zu besitzen, bedeutet bekanntlich nicht, auch mehr dafür kaufen zu können[47].

Dieses Beispiel führt uns nun endgültig zu der Erkenntnis: Gegen die geldpolitischen Ausbeutungsmechanismen des Staates ist es für uns Bürger praktisch unmöglich, ernsthaft Vermögen zu bilden. Wenn wir nämlich von dem uns verbleibenden Nettolohn abzüglich der Bestreitung all unserer Lebenshaltungskosten zuletzt – beispielsweise – jeden Monat EUR 100 sparend zurücklegen, dann schrumpft die Kaufkraft auch dieses Geldes über die Jahre auf dem Sparbuch fröhlich vor sich hin.

„Stimmt. Alles wird teurer!", sagen Sie. Doch es gilt genau gesagt dies: Nicht Waren und Dienstleistungen werden für sich gesehen „teurer". Vielmehr wird nur unser Geld beständig weniger wert. Und das ist so, weil es – wie beschrieben – von Jahr zu

Jahr mehr Geld gibt. Die Zentralbanken drucken es. Und dieses Phänomen hat einen Namen. Der heißt: Inflation. Lutz Peters nennt es „das süße Gift der Geldentwertung"[48] .

Es macht auch kaum einen Unterschied, ob Sie Ihre monatlich gesparten EUR 100 unter die Matzratze legen oder ob Sie sie auf ein Konto zahlen. Die Scheine, die heute noch für ein paar Schuhe reichen, werden in zehn Jahren gerade noch ein T-Shirt kaufen. Selbst wenn Sie jene EUR 100 auf ein Festgeldkonto legen, wo Sie vielleicht 3% Guthabenzinsen pro Jahr erzielen, werden Sie in zehn Jahren keine Schuhe davon kaufen können. Denn von den EUR 30 Zinsen, die Sie in diesen zehn Jahren von Ihrer Bank erhalten, müssen Sie ja wieder rund 50% Steuern und Abgaben bezahlen. Bleiben Ihnen[49] per Saldo in zehn Jahren EUR 115. Also bestenfalls ein etwas schöneres T-Shirt.

„Dann flüchte ich eben in Sachwerte und lege mein Geld so an!", denken Sie jetzt. Richtig. Das können Sie tun. Aber es wird Sie absehbar nicht retten. Denn schon diskutiert unsere notorisch schuldenproduzierende Politik eine sogenannte „Wertzuwachssteuer". Und die geht so: Sie kaufen sich heute eine wertvolle Armbanduhr, einen seltenen Kronleuchter und die Schuhputzkiste des letzten chinesischen Kaisers. Echte Wertanlagen also. In zehn Jahren verkaufen Sie alles bei e-bay und erzielen Kaufpreise, die der heutigen Kaufkraft des von ihnen derzeit aufgewendeten Betrages entsprechen. Sie halten sich für raffiniert und genial.

Leider sind die Geldeintreiber der siebzehn deutschen Finanzministerien aber ebenso raffiniert und genial. Denn für die Wertzuwachssteuer ziehen sie den von Ihnen gezahlten Kaufpreis 2008 vom Verkaufspreis 2018 ab und besteuern die Differenz. Wahrscheinlich mit 50%, eher mehr. Nach Abzug von Lagerungs-, Versicherungs- und Organisationskosten Ihres An- und Verkaufes stehen Sie dann wirtschaftlich so wie wenn Sie die Kaufpreise gleich in der Gestalt von Geld unter Ihre Matratze gelegt hätten. Nur mit dem Unterschied, daß Sie bei der Matratzenvariante keinen Streit mit dem Finanzamt darüber führen müssen, ob Sie wegen dieser Transaktionen möglicherweise gewerbesteuerpflichtig geworden sind.

Sie mögen nun wüten und toben, daß man Ihnen Scheingewinne versteuert. Es nützt Ihnen nichts. Sie mögen schimpfen, daß ein tatsächlicher Wertzuwachs gar nicht stattgefunden hat, weswegen Wertzuwachssteuer gar nicht legitim sei. Es nützt Ihnen nichts. Eine Klage bei Finanz- und Verfassungsgericht wird ohne Erfolg bleiben. Vielleicht werden Sie in der Urteilsbegründung sinngemäß lesen, daß ein Goldregen auch Goldregen heißt, obwohl er kein Gold regnet. Immerhin nähern Sie sich mit Ihrem Ärger vielleicht der Erkenntnis, daß hier wohl doch eine gewisse Ausbeutung stattfindet, was Sie ja vorhin noch bestritten hatten. Denn die Kosten für das gerichtliche Urteil samt Verfahren mussten Sie nicht nur insgesamt bezahlen, sondern auch noch von Anfang an in voller Höhe vorschußhalber einzahlen. Diese Aufwendungen waren nämlich mit Ihren Steuerzahlungen noch nicht gedeckt. Sie denken doch noch an den Zettel, den Sie schreiben wollten, um die Leistungen unseres Staates festzuhalten?

Wenn Sie eines Tages alt sind und Ihr Familienheim verkaufen, um in ein Seniorenwohnheim überzusiedeln, werden Sie sich an diesen Ärger vielleicht wieder erinnern. Denn dann steht unter Umständen die Besteuerung desjenigen (Schein-)Gewinnes an, den Sie mit dem Erwerb und Verkauf Ihres Wohnhauses während der verstrichenen Jahrzehnte erzielt haben.

Wenn Sie Glück haben, hatte Ihr Steuerberater Ihnen schon ganz ursprünglich davon abgeraten, bei jedem Arbeitsplatz- und Ortswechsel stets eine nahegelegene neue Immobilie zu erwerben. Denn der An- und Verkauf von mehr als drei Wohnungen in zehn Jahren hätte Sie in den Augen Ihres Finanzamtes leicht wieder zu einem gewerbesteuerpflichtigen Immobilienhändler werden lassen. Diese Lasten müssen von jedem Bürger immer prognostisch mit den erhöhten Reisekosten zu einem vielleicht 200 km entfernten neuen Arbeitsplatz verrechnet werden[50]. Das gilt auch für die immer neu anfallenden Grunderwerbssteuern pro Wohnung, die selbst für eine eigengenutzte Wohnung unerbittlich anfallen. Der Staat will ja auch leben.

Trösten Sie sich also zuallerletzt mit Ihren Lohnerhöhungen über diesen geldpolitischen Ärger hinweg. Gewerkschaftliche Tarifscharmützel sind letztlich – einschließlich aller Streikrituale – immer ein Katz-und-Maus-Spiel mit unseren staatlichen „Währungshütern", wie wir sie lustigerweise noch immer nennen. Mal zieht der eine vor, mal der andere. Per Saldo wird nur der ausgebeutete Bürger immer ärmer. Denn bei der in den vergangenen Jahren üblichen Erhöhung der Geldmenge um rund 8% jährlich[51] wird ein Sparer im Ergebnis behandelt wie einer, der am 1. Januar EUR 1.000 in seinen Safe legt und – nach 365 Tagen – am 31. Dezember dort nur noch EUR 920 findet, ohne daß seine Safetür auch nur einmal geöffnet worden wäre. Zwölf Monate später hat sich dann die Kaufkraft auch dieser EUR 920 weiter auf EUR 846,40 vermindert (nämlich um EUR 73,60 als 8% aus EUR 920). Und so geht es weiter. So ist das System gebaut. Jahr für Jahr wird unser gespartes Vermögen in diesen Schritten kleiner und kleiner. Sogar ohne förmliche Vermögenssteuer. Denn die wird ja geldpolitisch gleich mit erledigt. Und so wird es bleiben, solange wir unser soziales Glück unter der eingangs genannten staatlichen Laterne suchen.

Fragen wir uns also zuletzt in diesem Kontext nur noch dies: Was würde passieren, wenn unser (Papier-)Geld nicht durch diese politischen Entscheidungen automatisch immer mehr (und damit immer weniger Wert) würde, sondern wenn es bei einem stabilen Maßstab bliebe[52]? Was wäre, wenn wir einen Goldstandard hätten, wie er in der Geschichte schon einmal galt? Was, wenn der Staat einzig die Aufgabe hätte, die Reinheit und Echtheit des Tauschmittels Gold sicherzustellen?

Wir kämen in die faszinierende Situation, daß alle Waren ununterbrochen immer billiger würden! Denn während die Masse der Güter durch ständige Produktion immer weiter wächst, bleibt der Maßstab Gold im wesentlichen immer gleich. Ein Meter ist schließlich auch immer ein Meter. 1900 ebenso wie 1950 und 2010. Zwar wird die Goldmenge durch gewisse Goldfunde weltweit immer ein wenig wachsen. Doch wenn dadurch dem „Goldmeter" alle paar Jahre auf seinem Zollstock ein oder zwei neue „Zentimeter" mehr aufgemalt werden müssten, dann steht dies erkennbar in keinem Verhältnis zu unserer heutige gängigen Praxis, gleich jedes Jahr rund acht Zentimeter pro Meter Kaufkraft zu verlieren.

Gegen eine solche Entwicklung wird von den derzeit staatlich geprüften und anerkannten Experten zwar immer sofort eingewandt, es handele sich hierbei um das äußerst gefährliche, wirtschaftlich und sozial hoch riskante Phänomen der Deflation. Jörg Guido Hülsmann entkräftet dieses Argument jedoch gleich in doppelter Hinsicht überzeugend. Zum einen weist er darauf hin: „Tatsache ist, daß Unternehmer zukünftige Senkungen der Verkaufspreise ihrer Produkte vorausahnen können."[53] Dieser Gedanke ist bestechend. Denn wenn heute Unternehmern abverlangt wird, mit der stetigen Gefahr künftig inflationsbedingt extrem steigender Preise rechnen und leben zu müssen, so werden sie dasselbe Problem unter umgekehrten Vorzeichen natürlich ebenso gut meistern können. Dies gilt natürlich erst recht dann, wenn die Preisänderung ‚nach unten' gegenüber der heutigen ‚nach oben' sehr viel geringer ausfällt, wie anzunehmen ist. Zum zweiten führt Hülsmann den uns allen bestens präsenten empirischen Gegenbeweis: „Genauso verhielt es sich in jüngerer Vergangenheit auch auf dem Markt der Computer und der Informationstechnologie, der seit mehr als zwanzig Jahren ein schnelles Wachstum mit konstant fallenden Produktpreisen kombiniert hat."[54]

So werden wir also von Geldpolitikern wohl gegen Gefahren geschützt, die es in Wahrheit gar nicht gibt, weil wir alle – Sie und ich – viel klüger sein können, als es landläufig wirtschaftspolitisch den Anschein hat. Doch zur Illusion einer sozial gerechten Geldpolitik gehört anscheinend notwendig auch noch immer das Dogma, daß Geld allein nicht glücklich machen darf. Also muß es schimmeln, faulen und vergammeln, als wäre es Obst in der Schale. Wir sollten, meine ich, diesen Gärungsprozessen nicht allzu lange zusehen.

Bleibt uns nach diesen unerfreulichen staatlichen Ausbeutungsaktionen aus Abgaben- und Geldpolitik aber nicht wenigstens die Chance, bei unserem schon angedachten dritten Treffen zum Austausch von Gütern doch noch irgendwie „reicher" zu werden? Haben wir nicht das Neandertal und Rom als denkende und moderne, bestens ausgebildete Menschen entwicklungsgeschichtlich längst hinter uns gelassen?

3. ABSCHNITT

DER 3. AKT UNSERER AUSBEUTUNG: DIE VERHINDERUNG DES BEIDERSEITIGEN VERTRAGSGEWINNES

Wenn zwei Menschen – meinetwegen wieder Sie und ich – eine Ware gegen Geld tauschen, dann ist dies nicht nur ein „Tausch" oder „Handel" oder „Geschäft". Es ist, zumindest in juristischer Terminologie, immer auch ein Vertrag unter Gleichen. Denn Sie haben – weil Sie kein Staat mit Macht- und Zwangsbefugnissen sind – mir diesen Tausch nicht befohlen. Vielmehr haben wir beide miteinander einvernehmlich und freiwillig beschlossen, in einen Tauschhandel einzutreten. Wir hätten es auch bleiben lassen können. Das wahrhaft Faszinierende an der menschlichen Kulturleistung „Vertrag" ist nun dies: Niemand schließt ihn freiwillig, wenn er sich nicht einen eigenen Vorteil aus ihm verspricht. Anders gesagt: Wer nicht von vornherein absieht, durch einen vertraglichen Handel hernach „reicher" zu sein als vorher, der schließt den Vertrag erst gar nicht ab[55] . Ob jeder Beteiligte aber durch diesen Vertrag „reicher" wird, kann niemand besser entscheiden als der Betreffende selbst. Denn nur der jeweils Handelnde persönlich kann all diejenigen Faktoren kennen, die er in seine eigene Bewertung des Vertragsgeschehens einstellen möchte und muß.

Konkret: Sie haben mit einem Freund an einem Samstagvormittag fünf Stunden urbanes Power-Shopping hinter sich gebracht. Nach zuletzt dreistündiger Dauerblockade einer Umzugskabine des Bekleidungshauses sind Sie glücklicher Besitzer eines neuen Kaschmir-Pullovers „styled in Italy, made in Turkey". Jetzt stehen Sie völlig ausgehungert auf der nachmittäglichen Straße und können nur noch eines denken: Pizza!

Warum sind Sie in dieser Situation bereit, am Stand des örtlichen Pizza-Express EUR 11 für eine mittelgroße Pizza funghi auszugeben, obwohl Sie zu Hause dasselbe per saldo für EUR 6,48 (inklusive Stromkosten für Ihren Backofen) haben könnten? Genau: Weil Sie die Rückfahrt nach Hause und die erneute Reise in die Innenstadt zu dem anschließend anstehenden Konzertbesuch mindestens weitere EUR 12 kosten würde. Es ist also in Ihrer konkreten Lebenssituation billiger für Sie, den Pizza-Mann in Anspruch zu nehmen.

Umgekehrt ist es für den Pizzabäcker wirtschaftlich attraktiver, Ihnen diese Pizza für EUR 11 zu verkaufen als sie selber zu essen. Denn er hat die Mahlzeit in großer Menge zum Stückpreis für EUR 5,50 hergestellt und kann von dem Überschuß aller an diesem Tage verkaufter Pizze – abzüglich aller weiteren Abgabenlasten – leben. Genau so nämlich hat er seine ganze Existenz organisiert. Und genau so greifen die wirtschaftlichen Dispositionen aller Menschen innerhalb einer Gesellschaft sinnreich ineinander.

Zuletzt sitzen Sie schließlich mit Ihrem neuen Pullover wie geplant im Konzert, ohne daß Sie dessen Wolle persönlich in Kaschmir hätten abholen müssen. Sie mußten auch nicht eigens nach Italien reisen, um den Schnitt zu klären, und nicht in die Türkei, um ihn nähen zu lassen. All dies ist mit Ihrem Kaufpreis schon abgegolten. Einschließlich des Arbeitslohnes für die Umzugskabinen-Reinigungskraft, die jetzt schräg hinter Ihnen in dem Konzertsaal sitzt und mit einer Lakritz-Tüte raschelt.

Wie Sie aus dem bisher hier Dargelegten ersehen konnten, haben Sie allerdings mit Ihrem Pulloverkauf auch die Konzertkarten der beiden Herren bezahlt, die unmittelbar vor Ihnen sitzen. Dies sind nämlich der örtliche Lebensmittelhygieniker, der den Pizzamann kontrolliert, und der kommunale Kulturdezernent, der das Konzert terminiert hat. Beide Herren sind miteinander befreundet. Ohne deren Gegenwart hätte Ihr Pullover heute erstens nur die Hälfte gekostet. Und zweitens könnten Sie die Sängerin besser sehen.

Damit scheint das Thema dieses Abschnittes recht deutlich auf: Wir könnten alle weitaus reicher sein, wenn unsere je persönlichen vertraglichen und wirtschaftlichen Dispositionen nicht immer in vielerlei Hinsicht eingeschränkt und zugleich auch mit der Last verknüpft wären, einen staatlichen Beamtenapparat mitzualimentieren. Müßten wir dessen Kosten nämlich nicht immer in unsere persönliche Gewinnkalkulation einrechnen, hätten wir die Chance, weitaus effektiver zu handeln[56].

Ich habe sehr genau gesehen, was Sie nun auf Ihren Zettel notiert haben. Das Gesundheitsamt, schreiben Sie, stellt die Sauberkeit der Pizzeria sicher. Und das Kulturamt engagiert die Sängerin. Leider werden Sie diese Positionen von Ihrem Zettel aber wieder streichen müssen. Denn den Gesundheitsbeamten müssen Sie wegen einer einzigen Pizza sein ganzes Leben lang – dienstrechtlich unkündbar – alimentieren. Und der Kulturmann hat in seiner freiberuflichen Tätigkeit bis zu seiner Verbeamtung vor kurzem genau dasselbe gemacht wie heute. Nur daß er erstens damals doppelt so viele Konzerte organisierte und daß der Eintritt zweitens dort die Hälfte kostete.

Staatliche Verwaltung war nämlich noch nie effektiv. Nie in der Geschichte. Und nie irgendwo auf der Welt. Wäre sie es je gewesen, hätten Sie hierzulande von der Deutschen Post sicher schon vor zwanzig Jahren für einen Euro – respektive zwei DM – ein Mobiltelefon erwerben können (damals gab es bekanntlich noch das staatliche Telefonmonopol). Oder anders gesagt: Kennen Sie nur eine einzige Behörde, die für eine Gebühr von – sagen wir – EUR 100,— die verschiedenartigsten Dienstleistungen für Sie in Indien, Europa und Vorderasien organisiert und Ihnen dabei zuletzt auch noch einen Pullover zu Eigentum überlässt, der so formschön ist, daß Sie damit in einen Konzertsaal gehen können?

Die wohlstandsverhindernde Perfidie eines ständig mitzualimentierenden staatlichen Apparates besteht im wesentlichen darin, uns Bürgern gewisse Geschäfte wirtschaftlich unmöglich zu machen, die ohne diesen Apparat durchaus sinnvoll abgewickelt werden könnten. So hat der Enkel des ersten deutschen Bundeskanzlers, Patrick Adenauer, zu Sylvester 2007 darauf hingewiesen, daß die Bundesrepublik Deutschland inzwischen jedes Jahr rund EUR 550.000.000.000 Steuern von ihren Bürgern einnimmt[57]. Wenige Tage vorher berichteten die Fernsehnachrichten, die Einnahmen von Bund, Ländern, Gemeinden und Sozialversicherungen beliefen sich inzwischen sogar schon auf insgesamt EUR 737.000.000.000 pro Jahr. Dies ist nun greifbar nicht nur eine Summe, angesichts derer man bei unbefangener Betrachtung die flächendeckende Verfügbarkeit eines Straßennetzes ohne Schlaglöcher erwarten würde. Vor allem ist es aber ein Betrag, der mir – wie viele andere Betragsangaben – kaum nachvollziehbar erscheint. Die Lasten liegen anderen Quellen zufolge noch weitaus höher. Da es aber einfacher zu sein scheint, das genaue Datum des Urknalls festzulegen als verlässliche finanzpolitische Zahlen zur Lage der Nation, gehe ich hier wiederum von der am wenigsten furchtbaren Zahl aus. Wie gesagt: Die Dinge stehen in Wahrheit immer noch etwas schlimmer als hier dargestellt. Aber schon diese Verhältnisse sind alarmierend genug.

Als der Sturm namens „Kyrill" im Januar 2007 über Deutschland fegte, hinterließ er nach Medienberichten Schäden in Höhe von 1 Milliarde Euro. In Zusammenschau dieser Größenordnungen erweist sich Erschreckendes: Die Bürger Deutschlands haben inzwischen an staatlichen Lasten an jedem einzelnen Tag (einschließlich Sonn- und Feiertagen) zuerst so viel Arbeit zu verrichten, wie sie die Beseitigung der Schäden von zwei Kyrills erfordern würde. Zwei Kyrills pro Tag! Erst nachdem diese Schäden von zwei täglichen Kyrills beseitigt sind, können sie sich daran begeben, ihren eigenen privaten Bedarf zu decken. Ich glaube, Sie werden einen sehr großen Zettel benötigen, um all diejenigen Gegenleistungen zu notieren, die unser Staat für Sie, für mich und für unsere Landsleute zu diesem Aufwand erbringen muß. Kürzlich sagte mir jemand, er tröste sich immer damit, daß er auf sechsspurigen staatlichen Autobahnen mautfrei durch Deutschland fahren könne. Als wir daraufhin gemeinsam errechneten, daß man für unsere tägliche Kyrill-Steuerlast bei Autobahnbaukosten von 20 Millionen Euro pro Kilometer täglich 100 Kilometer sechsspurige Autobahn durch unser Land legen kann, wurde er ganz blaß.

Zusätzlich zu dieser zerstörerischen Dimension jener täglichen Verwaltungsorkane schaden diejenigen sinnvollen Geschäfte, die aus Gründen staatlich angeordneter Restriktionen erst gar nicht zustande kommen. Besonders beliebt hierbei sind Vertragsverbote aus vermeintlich „sozialen" Gründen. Nach den letzten Änderungen beispielsweise des Wohnungsmietrechtes ist praktisch unmöglich gemacht, eine Wohnung befristet zu vermieten. Nur unter bestimmten, festgelegten und engen Voraussetzungen ist es mir noch möglich, als Wohnungseigentümer eine Wohnung vorübergehend zu vermieten. Ist mir das Risiko zu groß, daß der Mieter nicht wieder auszieht, wenn ich mein Eigentum selber wieder nutzen muß, kann ich mich in dieser gesetzlichen Lage vernünftigerweise nur dazu entschließen, einen Mietvertrag überhaupt nicht abzuschließen. Alles andere könnte sich leicht zu einem wirtschaftlichen Amoklauf auswachsen. Für den Mietinteressenten bedeutet dies spiegelbildlich, daß er meine Wohnung nicht mieten kann, möge sie für ihn auch noch so günstig liegen, noch so zweckdienlich geschnitten sein und ihm noch so gut gefallen.

Zivilrechtliche Verträge verbinden Menschen miteinander und schaffen staatsfrei gesellschaftlichen Zusammenhalt. Ludwig von Mises hat dies in die schönen Worte gefasst: „Das Verkehrsprinzip, der Tausch, schlingt ein Band um die einzelnen Wirte. Die Wirtschaft wird aus einer Sache der Einzelnen eine gesellschaftliche Angelegenheit"[58]. Restriktive Gesetze bewirken das genaue Gegenteil. Sie trennen und verunmöglichen gesellschaftliches Zusammenwirken. Sie halten Menschen und Gruppen voneinander fern. Sie erlauben nicht die fruchtbringende Kooperation, sondern sie wollen in vorgegebene Kategorien zwängen. Koste es, was es wolle. Nirgendwo wird dies – mitsamt seiner für die Volkswirtschaft insgesamt nachteiligen Folgen – so offenbar wie auf dem merkwürdigen Gebiet der sogenannten „Schwarzarbeit". In einer Charme-Offensive betreibt das Bundesfinanzministerium seit einiger Zeit

nicht nur eine eigene Homepage mit dem bemerkenswerten Titel „Zoll-stoppt-Schwarzarbeit.de". Um die
verpönte „Schwarzarbeit" zu bekämpfen, sind darüber hinaus in Köln ganz konkret und praktisch inzwischen knapp 7.000 spezialisierte Zollbeamte zu-
sammengezogen, um nun „Schwarzarbeiter" zu jagen. Sie fahren mit eigens beschafften und gestalte-
ten Fahrzeugen durch unser Land. Dort, wo im unte-
ren Bereich der Fahrzeugtüren früher an tiefergeleg-
ten Alltags-Boliden die Botschaft „powertuning" o.ä.
klebte, sagen deren Autos auf den Straßen der Welt
jetzt: „Zoll-stoppt-Schwarzarbeit.de".

Zu welchen Erkenntnissen führt uns die nüchterne Betrachtung dieses Phänomens? Zunächst zu dieser: „Schwarzarbeit" ist alleine deswegen „schwarz",
weil die gesetzlichen Rahmenbedingungen es so definieren[59] . Ungeachtet dieser definitorischen Einord-
nung durch das Steuer- und Sozialversicherungsrecht
handelt es sich aber bei jeder Form von „Schwarzarbeit" in erster Linie zunächst einmal stets um einen
Arbeits- oder Dienstvertrag, den die beteiligten Vertragsparteien aus dem einzigen für Verträge generell
üblichen Grund eingegangen sind: Weil genau dieser Vertrag für beide Parteien sinnvoll und beiderseits bereichernd ist.

Kein Arbeiter – auch kein „Schwarzarbeiter" –
würde einen Arbeitsvertrag abschließen, wenn er sich
durch denselben keinen Vorteil verspräche. Die von

den Vertragsparteien getauschten Leistungen (Arbeitskraft und Geld) sind also mit denen eines „regulären Arbeitsverhältnisses" in ihrem Kern identisch. Das einzige, was dem „schwarzen" Vertag gegenüber dem „regulären" fehlt, ist die Verdoppelung des Preises, um die Kosten des staatlichen Verwaltungsüberbaus auch noch mitbezahlen zu können.

Zu diesem Verwaltungsüberbau gehören natürlich insbesondere auch jene rund 7.000 Zollbeamte, die – aus den Mitteln der Steuern und Abgaben, woraus sonst? – alimentiert werden müssen. Leider gelingt aber nicht einmal mehr das. Der Bundesrechnungshof wies Anfang 2008 auf den grotesken Umstand hin, daß die „Einspielergebnisse" der im Jahre 2004 installierten „Finanzkontrolle Schwarzarbeit" nicht einmal dazu reichen, deren eigenen Verwaltungsaufwand zu decken[60]. Dies nähert den bürokratischen Überbau zu jedem Arbeitsvertrag nun ersichtlich vollends der – pardon – verwaltungstechnischen Onanie an.

Aber auch wenn das Abgabeneintreiben nicht schon für sich gesehen zum Zuschußgeschäft würde, sondern die allgemeinen Steuern einschließlich aller konkreten Sanktionseinnahmen zuletzt gerade noch dazu hinreichen, um diejenigen zu bezahlen, die mit deren Erhebung befasst sind, dann sind alle rationalen weltanschaulichen Debatten über den Sinn und Unsinn von Steuern greifbar an ihrem Endpunkt angelangt. Dann haben wir keine vernünftige Struktur mehr, sondern es besteht Änderungsbedarf an dieser Spirale in den Bankrott. Denn so lange Menschen nicht eine widernatürliche Freude am eigenen Bankrott entwickeln, gilt die schlanke Erkenntnis Gerd Habermanns: „Je höher die Staatsquote, desto größer die Schattenwirtschaft"[61].

Das Ausmaß des Konfliktes zwischen dem, was Bürger tatsächlich für sinnvoll halten – und also tatsächlich wollen – und dem, was sie nach den verqueren Anordnungen des Staates legal zu wollen haben, erweist ein weiterer, spektakulärer Definitionsstreit. Weil den Sozialkassen Einnahmen zu schwinden drohten (da vormals brav sozialversicherte Arbeitnehmer in die Selbständigkeit abwanderten) betrachtete die Sozialbürokratie deren Arbeit ganz genau. Es erwies sich, daß manch ein neuer Selbständiger rein faktisch kaum andere Tätigkeiten versah als zu Zeiten seiner Arbeitnehmerschaft. Nur mit dem Unterschied, daß er nun nicht mehr Sozialbeiträge entrichtete. Also schuf der Gesetzgeber eilends die Figur des „Scheinselbständigen". Der war also nur noch scheinbar wirtschaftlich autonom, in Wahrheit aber sozialversicherungspflichtiger Arbeitnehmer. Die Welt der Arbeit und des Fleißes änderte sich hierdurch nicht. Nur die Definition – und natürlich die Abgabenlast – erfuhren Modifikationen. Das Bemerkenswerteste an dieser Konstellation war allerdings nun die im Betrieb ihres Mannes mitarbeitende Ehefrau. Für diese hatte mancher Unternehmer-Ehemann in der Vergangenheit Sinn darin gesehen, sie zu seiner Arbeitnehmerin zu machen, um zum einen ihr Sozialversicherungsleistungen zu verschaffen und zum anderen sich selbst steuerabzugsfähige Kosten. Jetzt gelangte die Sozialbürokratie an einen Punkt, an dem sie mit ihren eigenen, wirklichkeitsnegierenden Prämissen in böse Paradoxien geriet. Einerseits durfte die Ehefrau nicht Arbeitnehmerin sein, um keine allzu billige Sozialversicherung zu erlangen. Andererseits sollte sie aber auch nicht selbständig sein, damit der Sozialkasse keine Einnahmen entgingen[62].

„Wir Menschen", schreibt der Psychologe Paul Watzlawick, „scheinen eine tiefwurzelnde Neigung zu besitzen, die Wirklichkeit... als einen Freund oder Gegner zu betrachten, mit dem wir uns auseinandersetzen müssen. ... Das Leben ... ist also ein Partner, den man annimmt oder ablehnt und von dem man sich selbst angenommen oder verworfen, gefördert oder betrogen fühlt"[63]. In diesem psychologischen Kontext erscheint die Sozialverwaltung mit ihren Schein- und Schwarztatbeständen, die die je vorgefundene Wirklichkeit verleugnen und lieber mit anderen, abweichenden Definitionen arbeiten wollen, als ein Organismus, der sich vom Leben und von der Welt abgelehnt, betrogen fühlt. Doch statt den Weg zurück zu den Realitäten des Lebens zu finden, verirrt sich unsere Sozial- und Fiskalverwaltung in die Illusion, der Welt ihre eigene Wirklichkeitssicht mit zollpolizeilicher Gewalt aufnötigen zu können. Das ist ein riskanter Weg. Hören wir noch einmal auf Paul Watzlawick: „Freilich hatte schon Heraklit warnend darauf verwiesen, daß extreme Haltungen nicht zur Aufhebung des Gegensatzes, sondern vielmehr zur Stärkung des Gegenteils führen. Aber wen kümmert schon Heraklit?"[64] .

So lange also – mit den Insignien der staatlichen Gewaltmacht – unsere Sozial- und Fiskalverwaltungen den Weg nicht zurück zu den Realitäten der Welt einschließlich der ökonomischen Naturgesetze finden, werden wir vor diesem Dilemma stehen: Entweder sinnvolle, beiderseits bereichernde Verträge werden gar nicht erst abgeschlossen oder aber sie ziehen sich zurück in die kriminalisierte Sphäre. Beide dieser Varianten sind für eine Gesellschaft insgesamt nicht hinnehmbar. Die Polizeimacht des „Zollstoppt-Schwarzarbeit" stoppt in Wahrheit Arbeit und verhindert damit im Ergebnis befriedenden Wohlstand. Sie ist ein Instrument der als destruktiv erwiesenen staatlichen Planwirtschaft. Und genau die gilt es endlich zu überwinden. Dies ist nach inzwischen wenigstens einhundertfünfzig Jahren des ökonomischen Irrtums eine geradezu kulturelle und kulturhistorische Aufgabe. Individuelles Profitstreben darf nicht länger ein peinliches Tabu bleiben. Wir müssen es vielmehr als gesellschaftlich ebenso sinnstiftend wie nützlich anerkennen.

Der Theologe Ulrich Woronowicz sieht eine denkwürdige Parallele: „Planwirtschaft ist nicht einfach nur eine volkswirtschaftlich andere Lösung, sondern sie versteht sich als Befreiung von der drohenden Unberechenbarkeit des Profitapparates, der die Menschheit in angeblich nicht mehr abzuschätzende Gefahren treibt. ... Die Verteufelung des Sexualtriebes wurde von Sigmund Freud angegriffen. Aber wie wird es mit der Auseinandersetzung um das Profitstreben weitergehen? Es wäre an der Zeit, auch hier der Mystifizierung entgegenzutreten.“[65]

Bis auf weiteres jedoch arbeitet leider auch unser Staat intensiv weiter an derartigen Mystifizierungen, statt nüchtern wissenschaftliche Sachverhalte zu erkennen und angemessen zu handeln. Bezeichnenderweise haben wir teils bis in unseren alltäglichen Sprachgebrauch hinein diese Ablehnung des Überschusses verinnerlicht. Anders jedenfalls scheint nicht erklärbar, warum das Streben nach einem Gewinn außerhalb von Sportplätzen als die Sucht nach „Reibach“ verteufelt wird. Offenbar ist es schwieriger als man denkt, die Ursache beispielsweise eines so banalen Ereignisses wie die unseres täglichen Staus auf allen Autobahnkreuzen in ihrem Kern zu erkennen: Der Grund für jeden einzelnen morgendlichen Pendlerstau ist das nackte Profitstreben aller daran Beteiligten! Oder glaubt irgendjemand ernsthaft, es stünde auch nur eine winzige Gruppe von Berufspendlern Tag für Tag auf der Piste, wenn sie zur Arbeit auch noch Geld mitbringen müsste? Selbst wenn man es wollte: Es wäre unmöglich. Keine Gesellschaft kann mehr Äpfel essen, als sie pflückt.

Es gibt folglich viele und gute Gründe für die Annahme, daß unser allgegenwärtiges individuelles Profitstreben – ebenso wie der von Ulrich Woronowicz thematisierte Sexualtrieb – ein ganz unverzichtbares und natürliches Prinzip ist, mit dem unsere Existenz als Lebewesen erst und überhaupt sichergestellt wird. Genau wie die täglichen Berufspendler, genau wie jeder Arbeitnehmer und jeder Selbständige (ja selbst wie ein Propagandist gegen das Profitstreben, der zu seinem Schreibtisch fährt, weil das sein Beruf ist) streben wir alle beständig nach unserem ökonomischen Vorteil. Denn genau das ist es, was uns ernährt und damit am Leben erhält.

Betrachtet man diesen Umstand – gleichsam zur Gegenprobe – einmal aus entgegengesetzter Perspektive, dann wird klar, wie offenkundig dieses Prinzip eigentlich ist: Jemanden, der ununterbrochen damit befasst wäre, einen persönlichen ökonomischen Nachteil für sich zu verwirklichen, würden wir kaum noch als gesunden und vernünftigen Menschen ansehen, oder?

Dennoch werden offene Vorteils- und Gewinnbestrebungen unserer Mitmenschen noch immer vielfach als etwas Fragwürdiges mystifiziert und verunglimpft. Ohne solche individuellen Profite einzelner kann es aber einen Profit für alle gar nicht geben. In diesem Sinne sind sogar jegliche Steuern schlechterdings nichts anderes, als ein Neben- oder Abfallprodukt der Profiterzeugung. Erst wenn jede einzelne Zelle eines Körpers genügend Wasser hat, ist der Gesamtorganismus nicht mehr durstig. Ein satter Körper bei gleichzeitig hungrigen Teilen ist nicht denkbar.

Jedenfalls muß der Schöpfer dieser Welt – oder wen immer Sie dafür verantwortlich halten, daß es uns hier gibt – dieses Prinzip erkannt haben. Sonst hätte er nicht allen Tieren den Auftrag mit auf ihren Lebensweg gegeben, sich allmorgendlich zum Selbsterhalt auf die Suche nach Nahrung zu machen. Kein Tier, keine Pflanze, kein sonstiger Organismus – und zuletzt auch kein Mensch – kann überleben, wenn nicht die individuelle Bilanz seiner Energieaufnahme zuletzt irgendwie positiv ausfällt.

Also werden wir wohl mit guten Gründen davon ausgehen müssen, daß derjenige, der das individuelle Streben nach solchen Überschüssen – mit einem anderen Wort: das Profitstreben – verbieten, unterdrücken oder sonst behindern möchte, letztlich nur einen Kampf gegen das Leben selbst führt. Genau dies ist aber für die Betroffenen zwangsläufig lebensgefährlich. Und es ist für den Kämpfer gegen den Profit in jeder Hinsicht aussichtslos. Denn es ist nichts anderes als ein Kampf gegen die Natur.

Betrachten wir nach den Behinderungen des individuellen und vertraglich gemeinsamen Strebens seiner Bürger durch den Staat nun aber den vierten Akt der Ausbeutung. Untersuchen wir das Feld, auf dem unser Staat frei sinnstiftendes bürgerliches Vertragshandeln nicht nur erschwert, sondern es gleich ganz verbietet. Widmen wir uns der Frage, wo ein zwischenmenschliches Interagieren staatlicherseits durch entsprechende Gesetze insgesamt unterdrückt wird.

Ich hoffe, daß Sie Ihren Zettel, auf dem Sie das von unserem Staat für Sie kostenlos und zufriedenstellend erledigte Handeln notieren wollen, nach wie vor präsent und zur Hand haben. Denn jetzt werden wir sicher viele Bereiche erwähnen, in denen der Staat üblicherweise für sich reklamiert, bestens das Richtige zu tun und zu verwirklichen.

4. ABSCHNITT

DER 4. AKT UNSERER AUSBEUTUNG: DIE VÖLLIGE NICHTANERKENNUNG DES BÜRGERLICHEN HANDLUNGSWILLENS

Eine gänzliche Nichtanerkennung unseres bürgerlichen Handlungswillens findet überall dort statt, wo uns Verträge mit anderen Bürgern gesetzlich verboten werden bzw. wo sie von der staatlichen Verwaltung und den Gerichten folgerichtig nicht anerkannt werden. Dies ist – wie wir sehen werden – in weitaus größerem Umfange der Fall als man gemeinhin bei bloß oberflächlicher Sichtung des Terrains

annehmen möchte. Es bietet sich an, dieser faszinie-
renden Problematik in drei Unterabschnitten näher-
zutreten. Zunächst mag uns die Finanzverwaltung
beschäftigen, dann die Welt der Sozialversicherungen und zuletzt das sehr bunte Feld der allgemein
verstreuten Ge- und Verbote in allerlei Zusammenhängen.

Erster Unterabschnitt

Pippi Langstrumpf und die Finanzverwaltung

Dem unbefangenen Betrachter will scheinen, als hätten Pippi Langstrumpf und die Finanzverwaltung unseres Landes in etwa soviel miteinander zu tun wie der berühmte Fisch mit dem Fahrrad oder Sydney Rome mit Paris Dakkar. Aber auch hier gilt: Dem genaueren Blick erschließen sich stets die erstaunlichsten Erkenntnisse.

Inzwischen ist es kein Geheimnis mehr, daß unser Steuerrecht die Heimat mancher Grotesken und Absurditäten ist. Wenn jemand eigenartige Dinge tut und deswegen gesellschaftlich im Verdacht seelischer oder geistiger Fehlentwicklungen steht, so genügt häufig der Hinweis auf „steuerliche Gründe", um sein Umfeld wieder davon zu überzeugen, daß er durchaus noch zum Kreis der vernünftig handelnden Menschen gehört.

Eine Darstellung dessen, was steuerrechtlich absurd ist, könnte sich daher auch hier ohne weiteres vom Hundertsten ins Tausendste verlieren. Das aber ist hier und jetzt nicht unser Thema. Uns interessiert vielmehr, wie es das Steuerrecht bewirkt, daß diejenigen armutsbeseitigenden und reichtumschaffenden Handlungen, die wir Bürger „eigentlich" durchführen möchten, erst gar nicht in die Tat umgesetzt werden.

Die „Grundkonstellation" derartiger steuerrechtlicher Handlungshemmnis haben wir vorstehend schon am Beispiel der sogenannten Schwarzarbeit erörtert. Danach müssen sich Bürger – Auftraggeber und Auftragnehmer – zunächst darüber Gewissheit verschaffen, ob und unter welchen Voraussetzungen ihnen die Durchführung eines bestimmten Geschäftes überhaupt tatsächlich möglich ist.

Wenn ich Ihnen ein Pfund Kartoffeln nur mit einem Kostenaufwand von EUR 9,— in Ihr malerisches, aber weit abgelegenes Dorf nach Mecklenburg-Vorpommern bringen kann, dann mögen Sie noch so sehr bereit sein, mir EUR 5,— dafür zu zahlen; ich bin ökonomisch zwangsläufig gehindert, dieses Geschäft mit Ihnen durchzuführen. Denn mit jeder Lieferung von einem Pfund Kartoffeln müsste ich EUR 4,00 aus eigenen Mitteln zuzahlen. Nur als „Schwarzhandel" ohne Steuern – und also durch die damit bewirkte Halbierung meiner Kosten – wäre mir möglich, mit Ihnen zu einem Handel zu kommen. Nach Abzug meiner mecklenburg-vorpommernschen Kosten in Höhe von dann noch EUR 4,50 bliebe mir von den bezahlten EUR 5,00 ein Überschuß von EUR 0,50. Ich wäre in der Gewinnzone. Meine kaufmännische Selbstzerstörung durch Zuschüsse bliebe vermieden.

Nun stehen viele Menschen in Anbetracht der staatlichen Abgabenlasten in einem unerfreulichen Dilemma: Einerseits wollen sie nicht gegen Gesetze verstoßen, weil sie rechtstreu sein mögen oder weil sie nur die Sanktionen fürchten. Andererseits müssen sie aber auch unter der Geltung schlechter Gesetze irgendwie ihr Leben finanzieren. Dies ist dann die Geburtsstunde des Phänomens von der steuerlichen Gestaltung. Das Leben (und Überleben) muß den formalen Anforderungen der schlechten Gesetze angepasst werden, damit möglich wird, was ohne kreative Anpassung unmöglich wäre. Anders gesagt: Wenn Dir das Gesetz nicht hilft, dann musst Du dem Gesetz helfen.

Damit werden über die Schaffung häuslicher Arbeitszimmer, die Planung privater Atombunker oder das Dachdecken mit steuerlich geförderten Solaranlagen öffentliche Gelder wieder zur nötigen Finanzierung des eigenen Hauses in die private Verfügungsgewalt zurückgeleitet. Ohne diese Maßnahmen wären diese Beträge als Steuern auf immer an den

Staat verloren. Zuletzt hängen dann die eigenen Wintermäntel im luftdichten Bunkertrakt, weil sie im Bereich des Arbeitszimmers dessen steuerlich definitionsgerechte Nutzung gefährden könnten. Der hausintern solar erzeugte Strom darf aber nicht zur Beleuchtung von Keller und Büro genutzt werden. Statt dessen muß der eigene Strom subventionsoptimiert erst in das öffentliche Netz eingespeist und der selber benötigte wieder aus dem öffentlichen Netz zurückbezogen werden[66]. Nur so „rechnet es sich".

Für den steuerrechtlichen Laien ergibt sich aus diesen – und ähnlichen – Konstellationen eine wesentliche Erkenntnis: Das, was rechtlich möglich ist, und das, was nach seinem Rechtsempfinden noch normal wäre, klafft meilenweit auseinander. Der einzelne beginnt daher, sich seine eigene Steuerwelt so zu konstruieren, wie er annimmt, es lasse sich legal zu seinem Vorteil regeln. Statt etwa seinem Freund B unmittelbar EUR 100.000 (schenkungssteuerpflichtig) zuzuwenden, schenkt Herr A jetzt zehn anderen Bekannten je EUR 10.000 mit der Auflage, daß diese jene Beträge dann an seinen Freund weiterschenken. Damit, so glaubt er, hat er Schenkungssteuer vermieden, weil er den steuerlichen Freibetrag von EUR 10.000 je Geschenk pfiffig zehnmal ausgeschöpft hat.

Nun aber hat er die Rechnung ohne das Finanzamt, insbesondere ohne den berühmten § 42 unserer deutschen Abgabenordnung (AO) gemacht. Wie wir ja schon gesehen hatten, sind auch die Steuerexperten des Staates ausgeschlafene und pfiffige Diener des fiskalischen Profites. Sie schufen sich aus Gründen der Vorsicht gegen derartige Gestaltungen in weiser Voraussicht folgende Gesetzesregel:

„Durch Missbrauch von Gestaltungsmöglichkeiten des Rechts kann das Steuergesetz nicht umgangen werden. Liegt ein Missbrauch vor, so entsteht der Steueranspruch so, wie er bei einer den wirtschaftlichen Vorgängen angemessenen rechtlichen Gestaltung entsteht."[67]

‚Was aber', fragen Sie, ‚ist Missbrauch?' Und was ist „angemessen", frage ich. Im Angesicht derartiger Gesetzesbegriffe spricht der juristische Laie gerne von „Gummiparagraphen". Und der rechtswissenschaftliche Experte sieht eine Herausforderung für die Auslegungskunst. Das Problem ist dies: Gesetzliche Normen müssen immer mit schwarz und weiß operieren, weil sie sich sonst im feinen Faserwerk der Differenzierungen verlieren. Das Leben nämlich ist nicht schwarz oder weiß, sondern es besteht aus einer unendlichen Zahl von Grautönen. Und wenn man nur genügend Juristen mit Kreativität und Phantasie ans Werk schickt, dann wird die Welt gleich auch noch bunt, in Millionen schillernden Farben.

Der ehemalige Richter am Bundesfinanzhof Hans Bernhard Brockmeyer kleidet diesen Gedanken in die

Worte: „Der Gesetzgeber wäre überfordert, wenn er alle Umgehungsmöglichkeiten voraussehen und durch entsprechende Gestaltungen des Gesetzestextes verhindern müsste"[68]. Ich mag diesen Satz ganz besonders deshalb, weil er den Gesetzgeber und dessen Überforderung in einem Atemzug nennt. Würden unser Gesetzgeber und unsere Bundesrichter sich öfter dieses Eingeständnis der Überforderung machen, dann hätten wir weniger, aber dafür bessere Gesetze. Doch – zurück zu unserem Thema: Wo beginnt der steuerliche Missbrauch?

Wenn Herr A – wie schon skizziert – seinem Freund B EUR 100.000 mit Hilfe von zehn „Zwischenbeschenkten" überlässt, dann liegt nach herrschender Rechtsmeinung eine sogenannte „Kettenschenkung" vor. A und B werden besteuert, wie wenn es ihre zehn Helfer nicht gegeben hätte. Der ganze Aufwand war umsonst. Schade. Was aber, wenn alle zehn Zwischenbeglückte ihre je EUR 10.000 für zunächst 2 Jahre zinslos selber behalten durften? Wie, wenn Sie dann nur je EUR 9.000 an Herrn B auszahlen müssten? Je mehr Farbe in unser Spiel kommt, desto unklarer wird, wo der Missbrauch beginnt.

Dies gilt erst recht, wenn der Gesetzgeber selber sein Steuerrecht aus uns undurchsichtigen Gründen maßlos verkompliziert und mit Nebenzwecken verunreinigt, die den Blick auf das wahre Geschehen zusätzlich trüben. In legislativer Förderungswut werden bekanntlich Projekte unterstützt, deren Sinnhaftigkeit sich dem gewöhnlichen Bürger nicht mehr erschließt. Am Ende sind schwäbische Bäckermeister Miteigner von Ostsee-Frachtern und fränkische Krankenschwestern halten Anteile an kasachischen Flugzeugen. Was, wenn sie im Ringtausch bewirken, daß ein friesischer Chirurg sein abgeschriebenes Haus in Leipzig-Grünau wieder loswird?

Die Sache ist dann so kompliziert, daß auch gestandene Steuerkenner wie der schon zitierte Bundesrichter intellektuell zu scheitern drohen. Einerseits formuliert er die in jeder Hinsicht bemerkenswerten Worte: „§ 42 darf schließlich auch nicht auf die bloße Erlaubnis der analogen Anwendung belastender steuerrechtlicher Normen reduziert werden. Die Vorschrift ist in ihren Tatbestandsvoraussetzungen vielmehr ernst zu nehmen"[69]. Das freut die Freunde des Rechtsstaates, denn es schmückt den Juristen ungemein, wenn er alle – wirklich alle – einzelnen Worte von Rechtsnormen auch wirklich lesen und anwenden darf.

Andererseits erklärt derselbe Richter uns Lesern den Begriff von der „Angemessenheit" dann so, daß es scheppert: „Auch dann, wenn … Gründe für die Wahl der außergewöhnlichen Gestaltung vorliegen, können diese Gründe … unbeachtlich sein. Es kommt dann nämlich darauf an, ob die Verfolgung dieser Ziele nach den Wertungen des Gesetzgebers Sachverhalte ebenfalls besteuerungswürdig machen"[70]. Besteuert wird also zuletzt das, was – bitte anschnallen und das Rauchen einstellen! – „besteuerungswürdig" ist. Unter diesen Voraussetzungen ist man als Bürger sicher gerne unwürdig. Und man kann ermessen, warum die Raubritter des finsteren Mittelalters sich lieber – ganz übersichtlich – an grobe Keulen hielten, statt an feine juristische Differenzierungen. Wer sich nämlich schlicht und direkt nimmt, was er braucht, der muß nicht lange um die heiße Steuer herumreden.

Erstaunlicherweise hat aber auch diese Formulierung des § 42 AO unsere Staatsfinanzwelt noch immer nicht hinreichend beglückt. Mit dem Jahressteuergesetz[71] 2008 wurde sie daher noch einmal neu gefasst. Ungewöhnlich im Sinne des Gesetzes ist demnach jetzt eine rechtliche Gestaltung, „die nicht der Gestaltung entspricht, die vom Gesetzgeber in Übereinstimmung mit der Verkehrsanschauung zum Erreichen bestimmter wirtschaftlicher Ziele vorausgesetzt wurde"[72].

Wenn Sie also demnächst wieder einmal in Ihrem hauseigenen Atombunker neben dem Solarstromeinspeisungszähler sitzen und die Inhaberpapiere Ihrer Schiffsbeteiligungen (oder waren es Filmfonds?) zählen, dann fragen Sie sich besser einmal, ob dies noch mit der Verkehrsanschauung unseres Gesetzgebers übereinstimmt, ob es angemessen erscheint und gewöhnlich ist. Denn sonst kann die Sache leider teuer werden.

Gerade weil sich aber immer mehr Menschen genau diese Fragen stellen, müssen sie im Ergebnis ganz anders handeln, als sie es täten, gäbe es jene Steuergesetze nicht, insbesondere die bemerkenswerte Regel des § 42 AO. In dessen Kern nämlich geht es stets darum, den wirklichen Willen des Steuerbürgers so umzudeuten und neu zu interpretieren, daß im Ergebnis eines herauskommt: eine Steuerzahlung! Anders und böse gesagt: Es ist nicht angemessen, sondern mißbräuchlich, wenn der Bürger so lebt, daß er keine (oder weniger) Steuern zahlen muß.

Die Welt der tatsächlichen Gegebenheiten interessiert folglich den Fiskus kaum mehr. Er sieht nur noch das, was er sehen möchte. Kurz: Er gestaltet sich die Welt so, wie er sie gerne hätte. Und damit wird offenkundig, was ich eingangs behauptet habe: Er macht sich – wie Pippi Langstrumpf – seine Welt so, wie sie ihm gefällt. Die legislativen Generalklauseln stellen sicher, daß er auch morgen noch kraftvoll zubeißen kann. Wird es einem Gericht einmal unter den Spielregeln des Rechtsstaates zu abenteuerlich, den Bürger mit unbestimmten Rechtsbegriffen zu erfassen, wird einfach ganz konkret nachgelegt. Neue Gesetze kann man schließlich drucken, so lange es Papier gibt. Auch das aber kann sensiblere Gemüter und Staatsbürger indes im Ergebnis nicht wirklich beruhigen. Denn: „Die sterbenden Gesellschaften häufen Gesetze an wie die Sterbenden Heilmittel", wusste schon Nicolás Gómez Dávila[73]. Welche Konsequenzen hat dies für unser Leben? Der wirkliche, wahre Wille der Bürger wird ignoriert. Er wird für unbeachtlich erklärt. Statt dessen wird – im Wege einer finanzbehördlichen Umdeutung des Geschehens – verfügt, was der Bürger richtigerweise hätte gewollt haben sollen[74]. Und dieses fiktive Wollen aus einer rein konjunktivischen Welt wird schließlich höchst real der Besteuerung unterzogen. Der „eigentliche" bürgerliche Handlungswille wird nicht anerkannt.

Die einzige Abwehrmaßnahme des vorsichtigen, abwägenden und selber für sein Leben verantwortungsbewussten Bürgers gegen derlei Unwägbarkeiten besteht zuletzt darin, daß er geschäftlich immer inaktiver wird. Dadurch erlahmt alles Wirtschaften und individuell zweckrationales Handeln erstirbt mehr und mehr. Zugleich wird uns Bürgern einmal mehr verunmöglicht, „reich" zu werden. Hans-Hermann Hoppe formuliert: „Wirtschaftlich betrachtet reduzieren diese Maßnahmen auf der Stelle die Bildung von privatem Reichtum. ... Zunehmender Konsum wird die Folge sein ... und der allgemeine Lebensstandard ... wird sinken"[75].

Das traurige Spiel hat aber noch eine andere, übergeordnete Dimension. Während an der Basis –

unter den Bürgern, zwischen Dir und mir – die segensreichen, bereichernden und befriedenden Wirkungen der Arbeitsteilung mehr und mehr unmöglich werden, findet zwischen Politik und Verwaltung eine andere, irritierend vertraute Arbeitsteilung statt: Der bürokratische Bereich wird immer größer, komplizierter und unverständlicher, kein „normaler Mensch" kann seine Wirkungsweisen noch nachvollziehen. Der politische Propagandaapparat hingegen ist um so mehr damit beschäftigt, gerade diese Unverständlichkeit zu verteidigen, weil sie – und nur sie – das allgemeine Ziel einer „sozialen Gerechtigkeit" für alle ermögliche.

Damit greift der bürokratisierte Sozialstaat auf dieselben Mechanismen zurück, die einstmals im voraufgeklärten Europa den Machterhalt von Adel und Klerus sicherstellten: Das Seelenheil war, hieß es, eine komplizierte Sache. In den Kirchen sprach man ausschließlich unverständliches Latein. Der Untertan musste nur glauben, es habe alles seine Richtigkeit. Dann war – „in the long run" – das ewige Heil sichergestellt. Scheinbar.

Wenn aber der intellektuelle Kontakt zwischen einer juristisch dominierten Bürokratie und Bürgern in einem Rechtsstaat abreißt, dann droht nicht nur durch den wirtschaftlichen Niedergang Gefahr für eine friedliche Gesellschaft. Auch die Geltung des Rechtes selbst steht in Frage. Bernd Rüthers sagt es

so: „Wenn juristische Argumentationen und Problem-
lösungen nicht mehr an Nichtjuristen zu vermitteln
sind, verliert die Rechtswissenschaft die unerlässli-
che Kommunikation mit der Rechtsgemeinschaft.
Das Recht denaturiert zur Geheimwissenschaft einer
juristischen ‚Priesterkaste'. Deswegen ist die Fähigkeit, auch komplizierte Entscheidungsprobleme verständlich darzustellen, für alle Juristen wichtiger, als
vielen von ihnen bewusst ist"[76]. Sind aber die juristischen Konstruktionen komplexitätsbedingt so
wirklichkeitsfremd, daß sie auch unter günstigsten
Bedingungen nicht mehr vermittelbar sind, dann
schwindet das Verständnis vollends. Das kann nicht
ohne Folgen für die Glaubwürdigkeit und Autorität
eines Staates bleiben.

Bezeichnenderweise sieht auch Florian Felix
Weyh – für seinen Kontext bezogen auf die Frage
demokratischer Legitimität in modernen Staaten –
eine Parallele zu dem historischen Autoritätsverlust
der römisch-katholischen Amtskirche: „Etwas freilich hat die ernüchterte Demokratie der Religion ab-
geschaut: Im Umgang mit ihren utopischen Anteilen
agiert sie genauso bigott, wie es die Amtskirche zu
ihrer Blütezeit tat. Kein Demokrat lebt, wie er redet;
ganz wie früher der Christenmensch anders agierte,
als ihm gepredigt wurde. ... Daß Bigotterie die eigene Glaubwürdigkeit bis zur Farce unterhöhlt, hat vor
allem die katholische Kirche erfahren müssen. ... Ein

ähnlicher Niedergang kann auch die Demokratie erwarten. Solange unerfüllbare Postulate im Hintergrund leuchten, wird ihr Ansehen sinken und durch Reformbestrebungen kaum aufzupolieren sein"[77].

Ein derartiger Niedergang des Ansehens zeichnet sich im Bereich unserer Sozialversicherung bereits seit längerem ab. Namentlich die Vokabel von der „Reform" nötigt geradezu, das nun hier anstehende Feld unserer Sozialversicherungen mit zentralen Fragen aus der sogenannten „gesetzlichen Krankenversicherung" zu betreten.

ZWEITER UNTERABSCHNITT

DIE SOZIALVERSICHERUNG – MIT SICHERHEIT KEINE SICHERHEIT GEGEN ARMUT

Die gesamte deutsche Sozialversicherung hat sich mittlerweile in ihren verwaltungstechnischen Exzessen und Verstrickungen dermaßen von den Realitäten des Lebens und einer noch zweckdienlich sinnvollen Tätigkeit entfernt, daß man insgesamt die Frage nach ihrer Legitimität stellen muß. Sowohl im Bereich des Gesundheitswesens als auch auf den Gebieten der Renten-, Arbeitslosen-, Pflege-, Unfall- und Grundsicherungskassen kann sie nicht mehr durch überzeugendes Tun glänzen.

Die Schieflage der Gesundheitswaage

In der gesetzlichen Krankenversicherung finden wir zunächst dieselben Mechanismen wie im Steuerrecht: Es ist kompliziert. Es ist unverständlich. Es muß ständig geändert werden. Aber es dient – vermeintlich – dem Allgemeinwohl. Mehr noch: Es muß wachsen und ausgedehnt werden. Immer mehr Menschen, heißt es, müssten unter seine schützenden Strukturen gefasst und immer mehr Geld dem System zur Verfügung gestellt werden. Nur so, meinen viele, könne es im Ergebnis für alle sozial gerecht und sicher zugehen.

Die – noch immer – überwiegende Mehrheit der Menschen in Deutschland glaubt an die Richtigkeit dieser Sätze. Und dennoch würde genau diese Mehrheit alle Verwaltung und alle Sozialpolitik auf diesem Gebiet schlicht zum Teufel jagen, würden die Schleier aller Desinformationen gelüpft und der Blick auf das Chaos der Systematik offenbar.

In den nun siebzehn Jahren, die ich mit dem Studium und der Erforschung dieses Gesundheitssystems theoretisch und praktisch befasst bin, ist mir – rückblickend – nicht ein einziger Gesichtspunkt verblieben, den ich an diesem System für wertvoll, sinnreich oder erhaltungswürdig bezeichnen könnte. So unfassbar und unwahrscheinlich es klingt: Gesetzgebern und Verwaltungen ist gelungen, einen schieren Unsinn in die Tat umzusetzen. Weder juristische, noch ökonomische, historische, medizinische, noch verwaltungstechnische, noch gar ethische Gründe lassen sich bei exakter Betrachtung dafür anführen, diesen fleiß- und reichtumverschlingenden Koloss zu erhalten. Gleichzeitig stehe ich – zunehmend mit der Zeit, die mich das System beschäftigt – voller Hochachtung vor all den Menschen, die in diesem System bis an die Grenzen ihrer Leistungskraft arbeiten, die jede noch so absurde neue Belastung, jedes noch so abwegige Hindernis praktisch weit über den Punkt der Selbstverleugnung ertragen, um für alle die da zu sein, die sie wirklich brauchen: für ihre Patienten. Daneben habe ich eine weitere erschütternde Erkenntnis gewonnen. Die sicher meisten Menschen, die innerhalb dieses Systems arbeiten, sind mit dem subjektiv besten Gewissen emsig Tag für Tag damit befasst, seine Strukturen zu erhalten, zu verfeinern und zu ver(schlimm)bessern. Mir will scheinen, als sei es allenfalls eine kleinste Minderheit von unlauteren Akteuren, die sehr genau das Destruktive an diesem planwirtschaftlichen System erkennen und es dennoch nicht ändern, obwohl sie es könnten. Dazwischen finde ich manche, denen der Unsinn offenliegt, die aber weder die Kraft, noch das Zutrauen, noch die Phantasie haben, selber ein gesundes neues System zu erschaffen.

Worum geht es im Kern? Gesundheit, hören wir immer wieder, sei keine Ware. Sie dürfe nicht zu einem Geschäft verkommen. Weil jeder Mensch, egal ob reich oder arm, nur ein Leben und einen Körper habe, müsse hier absolute Gleichheit herrschen. Jeder habe denselben Anspruch auf medizinische Versorgung und Behandlung. Deswegen müssten – heißt es ideologiekonform – individuell-differenzierende, private Verträge aus diesem Bereich gänzlich eliminiert werden. Gesundheitsvorsorge sei also geradezu die elementarste Form der staatlichen Daseinsvorsorge. Nur staatlicher Zwang sichere die gerechte Teilhabe auch der Armen am medizinischen Fortschritt.

Die Erotik dieser Argumentation ist augenscheinlich noch immer so stark und verwirrend, daß sie den nüchternen Blick auf das ununterbrochen öffentlich vollzogene Chaos der Dauerreformen konsequent verstellt. Und sie verhindert die Erkenntnis, daß niemand – auch kein „Armer" – aus einem derartigen Verwaltungsdschungel je gesünder hervorgehen könnte, als aus einem sachgemäß und effizient betriebenen Gesundheitssystem.

Das hoch emotionale Diskussionsfeld von Leben, Gesundheit und Armut mit all seinen Ängsten, Unbeherrschbarkeiten und Unübersichtlichkeiten entzieht sich bislang jeder rationalen Analyse. Stattdessen haben sich die hier bereits skizzierten reichtumsverhindernden Mechanismen in geradezu diabolischer Verknüpfung vereint. Immer höhere Milliardenbeträge fließen in das Gesundheitssystem. Ein Ende der Abgabenlasten ist nicht abzusehen. Ärzte und Krankenhäuser, Pflege und Rehabilitation werden nicht mit Geld, sondern mit mittelzuweisenden Verwaltungsakten bezahlt. Die Produktion von Krankenscheinen und Gesundheitskarten entspricht damit dem inflationären Werk einer alchemistischen Gold- und Geldherstellung.

Statt je individuell vertraglich Sinnvolles und persönlich Angemessenes mit Ärzten und Apothekern vereinbaren zu dürfen, werden Patienten als Risikogrößen von unserem Staat auf einem makroökonomischen Sozialschachbrett hin- und hergeschoben. Die Chance auf den individuellen Vorteil namens „Gesundheit" verflüchtigt sich in der kollektiven volkswirtschaftlichen Gesamtbetrachtung standardisierter Leistungsgrößen.

Daß perfekte Gleichheit in der Medizin das allgemeine Herabsinken eines jeden Körpers und Geistes auf ein politisch definiertes – und privat völlig unbeeinflussbares – Mittelmaß bedeutet, wird geflissentlich übersehen und verschwiegen. Statt dessen eifern die Einnahmeexperten des Sozialversicherungssystems den Reformatoren unserer Finanzverwaltung nach und füttern immer größere Mengen Geld in das gefräßige System.

So ist das System über die Zeit sowohl auf der Seite seiner medizinischen Leistungen als auch auf der Seite seiner Finanzierung mehr und mehr zu einer Geheimwissenschaft entartet, die nur noch eingeweihte Priester beherrschen[78]. Neben dem sogenannten „Risikostrukturausgleich", der ähnlich dem deutschen Länderfinanzausgleich zwischen erfolgreicheren und erfolglosen Bundesländern Steuergelder umverteilt, soll nun nach dem Willen des Gesetzgebers der „Wettbewerb zwischen Krankenkassen" gestärkt werden. Dem diene ein „Wettbewerbsstärkungsgesetz".

Daß es unter Krankenkassen – also unter mehreren Behörden, denn etwas anderes sind diese öffentlich-rechtlichen Körperschaften nicht – gar keinen Wettbewerb im eigentlichen Sinne geben kann, ficht den Gesetzgeber nicht an, sein Gesetz dennoch so zu nennen[79]. Und dies in einem Land, in dem Etikettenschwindel, Mogelpackungen und Produktpiraterie eigentlich verboten sind.

Worum geht es? Was ist überhaupt Wettbewerb? Helmut Köhler sagt: „Das Wort Wettbewerb ist eine seit langem eingebürgerte Verdeutschung des Wortes Konkurrenz. Jeder Wettbewerber strebt, eilt nach demselben Ziel. Jeder will den anderen überholen, mindestens aber mit ihm Schritt halten ... Das Kriterium für das Bestehen von Wettbewerb auf einem bestimmten Markt ist das Vorhandensein von Alternativen für die Marktgegenseite." Und dann zitiert Köhler ebendort englische Quellen, die sagen: „Wett-

bewerb bedeutet den Zugang von Käufern und Ver-
käufern zu einer maßgeblichen Anzahl von Alternativen und ihre Möglichkeit, diejenigen dieser Alternativen zurückzuweisen, die im Vergleich unter allen verhältnismäßig unbefriedigend sind."[80]

Wo aber ist für einen gesetzlich zwangsversicherten Deutschen in der Kassenlandschaft eine substantielle Zahl von Alternativen, wenn alle Kassen praktisch denselben gesetzlich vorgegebenen Leistungs-
kanon haben müssen? Wo hat er die Fähigkeit, deren
Angebote zurückzuweisen, wenn er „pflichtversi-
chert" ist? Wie soll er sich gegen „relativ unbefriedi-
gende" medizinische Leistungen seiner Kasse weh-
ren?

Selbst Protagonisten der öffentlichen Debatte, die
gerne den Eindruck vermitteln, Überblicke zu haben,
scheitern regelmäßig in ihren Versuchen, dieses deutsche Gesundheitssystem zu erfassen. Der langjähri-
ge „Greenpeace"-Chef und „Lebensmittelschützer"
Thilo Bode etwa hat zwar mittlerweile erkannt, daß
freie Handlungsmöglichkeiten für wirtschaftende
Menschen „einen gewaltigen Produktivitätsschub"
auslösen können, wie er am Beispiel der chinesischen
Volkswirtschaft berichtet. Umgekehrt meint er, dem
strauchelnden deutschen Gesundheitswesen solle mit
einer – so wörtlich – „Begrenzung des Arzneimittel-
budgets und einer Positivliste" geholfen werden[81].
Was hier China und Deutschland unterscheide, sagt

er nicht. Das aber muß erstaunen. Denn exzessivere Mittel der Verwaltungszwangswirtschaft[82] erscheinen kaum denkbar.

Dem betroffenen Bürger bleibt alleine, an die Richtigkeit der sozialen Verkündungen, an die Unausweichlichkeit der steigenden Zuzahlungen und an die fachliche Angemessenheit der politisch angeordneten Leistungskürzungen zu glauben. Und ihm bleibt zu hoffen, daß er möglichst nie so krank werde, daß er auf dieses System existentiell angewiesen wäre.

Der für unseren hiesigen Zusammenhang maßgebliche Aspekt einer Reichtumsverhinderung ist bei alledem jedoch dieser: Gesundheit ist keine Ware. Das ist wohl wahr. Aber sämtliche Dienstleistungen, die diese Gesundheit erhalten oder wiederherstellen, gehorchen genau den Regeln, die auch für jedwede Dienstleistungen zur Warenproduktion gelten. Ein Arzt, der morgens auf dem Weg zur Arbeit in dem Stau auf der Autobahn steht, steht dort aus demselben Grund wie der Bäcker neben ihm, wie der Verkäufer vor ihm und wie der Handwerker hinter ihm. Alle fahren zu ihrer Arbeit, weil sie Geld verdienen müssen.

Immer dann, wenn das Gesetz Menschen verbietet, freiwillig Verträge miteinander abschließen zu dürfen, verhindert das Gesetz, daß diese möglichen Vertragspartner sinnvoll und angemessen miteinander kooperieren, um ein jeder für sich durch diesen Vertrag „reicher" zu werden. Denn wie wir gesehen haben dienen und nützen alle Verträge stets beiden Vertragsparteien. Zwingt man Menschen, einen Krankenversicherungsvertrag nicht abzuschließen und statt dessen eine gesetzlich geregelte Kassenlösung zu akzeptieren, dann hebelt man genau diesen beiderseitigen Gewinnmechanismus aus. Der „gesetzlich Versicherte" wird genötigt, in ein Zwangstauschverhältnis einzutreten. Mit seinem eigenen Geld muß er fiktive „Gegenleistungen" in der Gestalt von Krankenscheinen bzw. Gesundheitskarten „einkaufen", von denen er überhaupt nicht weiß, ob sie ihm je nützlich sein werden. Er hat folglich nicht einmal im Ansatz die Chance, einen individuellen Profit aus diesem Scheintauschgeschäft zu erzielen.

Im gleichen Maße, in dem Ärzten, Apothekern, Schwestern und Pflegern aber die individuelle Profiterzielung verunmöglicht wird, sinkt auch deren Chance, überhaupt noch Dienste an der Gesundheit anderer erbringen zu können. Auch das ausgeprägteste Helfersyndrom eines Arztes hilft seinen Patienten nicht, wenn der Arzt zu seiner Arbeit zuletzt noch Geld mitbringen muß. Insolvente Chirurgen können ebensowenig operieren wie ein unbemäntelter Samariter mit einem Frierenden noch einen Mantel teilen könnte. Betrachten wir dies für einen Augenblick auf einer abstrakteren Ebene als auf der eines einzelnen insolventen Arztes: Nicht ohne Grund hält Justitia seit jeher eine Waage in ihren Händen. Die Gerechtigkeit erfordert, daß in beiden Waagschalen gleiches Gewicht liegt. Wiegt das eine oder das andere schwerer, ist die Gesamtlage unausgewogen. Während wir dieses Prinzip an anderen Stellen für richtig und gut halten, scheitern viele Menschen daran, genau diese Ausgeglichenheit auch für den Bereich ihrer Gesundheitsversorgung als gültig anzusehen. Die Eleganz ihrer Kleidung, die Größe ihres Hauses und selbst die Anzahl der Kinder, denen sie das Leben schenken, wägen sie ab mit ihren Möglichkeiten, zu Zwecken der Bezahlung all dessen Geld in die je andere Waagschale zu legen. Leistet ein Tauschpartner ihnen einmal – bei welchem Geschäft auch immer – weniger, als er versprochen hatte, nehmen sie gleich auch wieder so viel Geld aus der eigenen Waagschale, daß beide Leistungen wieder gleichwertig und gleichgewichtig bleiben.

In einem Punkt aber unterscheiden sich nun Gesundheitsdienstleistungen in der Tat von anderen Dienstleistungen: Weil ein jeder von uns seinen Körper und seine Gesundheit vernünftigerweise sehr schätzt und ernst nimmt, wünscht er sich, im Krisenfalle möglichst viel an Hilfe in Anspruch nehmen zu können, damit es ihm wieder besser gehe. Folglich kollidieren hier unser allgemeines Gerechtigkeitsempfinden einerseits – verbildlicht in einer ausgeglichenen Waage Justitias – mit unserem andererseits ganz legitim unbeschränkten und grenzenlosen (Über-)Lebenswillen. Was wir zur Ausgewogenheit selber nicht in unsere Waagschale einzahlen können, das wünschen wir uns, aus den solidarisch helfenden Mitteln der Allgemeinheit beigesteuert zu erhalten.

Damit entsteht aber oberhalb der Gerechtigkeitswaage eine prinzipiell schiefe Ebene zwischen der eigenen begrenzten Leistungsmöglichkeit auf der einen Seite und der unbegrenzten Bereitschaft, Gegenleistungen in Anspruch nehmen zu wollen, auf der anderen Seite. Und genau dies ist die schiefe Ebene, auf der das politische Versprechen, für „soziale Gerechtigkeit" sorgen zu wollen (und – angeblich – zu können) an Fahrt gewinnt. Mehr noch: Je exzessiver die politischen Leistungsversprechen auf dieser Seite demagogisch ausgekleidet werden, um so steiler wird die schiefe Ebene und desto schnittiger erscheinen dem glaubensbereiten Publikum die verheißenen Möglichkeiten in der tumben Logik eines „Mehr ist fair".

Im politischen Geschäft wird an dieser Stelle stets propagiert, man müsse nur am sogenannten „Solidarprinzip" festhalten. Damit werde aus der schiefen Ebene schon irgendwie wieder eine waagerechte. Je nach dem, aus welchem Mund diese Formel tönt, ist es aber entweder nur naiver Blütentraum oder aber gleich eiskalt kalkulierte Rücksichtslosigkeit. In keinem Falle trifft es die Realitäten unserer Welt. Das bundesrepublikanische Sozialversicherungsmodell arbeitet in diesem Zusammenhang mit einem versicherungsähnlichen Instrument namens „Globaläquivalenz". Diese besagt folgendes: Leistung und Gegenleistung müssen im jeweiligen Einzelfall einer konkreten Behandlung nicht gleichgewichtig (also äquivalent) sein. Es spielt keine Rolle, ob ein Patient bislang wenig Geld in das System eingezahlt hat und viel Leistung in Anspruch nimmt, oder ob er viel eingezahlt hat und wenig versorgt wird. Entscheidend ist nur, ob insgesamt (also „global") der Geld-Input mit dem Leistungs-Output im Gleichgewicht steht. Gefragt wird also nur, ob alle Leistungen, die von allen erbracht werden, mit allem Geld, das von allen eingesammelt wird, bezahlt werden können. Dieses globale Gleichgewicht unter allen Versicherungsteilnehmern gleicht zwar – scheinbar – dem Gleichgewicht in einer jeden richtigen, versicherungsmathematisch berechneten Versicherung. Doch im Punkt des sozialstaatlichen „Solidarprinzips" ist es von diesem ganz wesentlich verschieden.

Der Anreiz, durch gesünderes Leben Kosten zu sparen, ist nämlich im „Solidarprinzip" getötet. Denn dort besteht keinerlei Zusammenhang mehr zwischen einerseits individuellem Verhalten und andererseits dessen Konsequenzen für den Betreffenden. Eine deutlichere Grundlage, auf der eine allgemeine Verhaltensstörung auf dem Gebiet der Volksgesundheit wachsen könnte, scheint kaum denkbar. Und das kommt so: Das gesamte System gleicht dem Versuch, alle Würste, die während eines Jahres in Deutschland verkauft werden, mit allem Geld, das Menschen während dieser Zeit für Würste ausgeben, zu bezahlen, ohne daß auch nur eine einzige Wurst konkret an der Theke gewogen würde. Ein solches Metzger-Modell wäre – für jedermann unschwer erkennbar – eine abstruse Vorstellung. Aber auf dem Gebiet des gesetzlichen Krankenversicherungssystems in Deutschland ist genau dies geltendes Recht. Denn dort werden die jeweiligen Einzahlungsbeträge in das gesundheitspolitische Gesamtspiel nicht nach individuellem Risiko und Gesundheitsverhalten bemessen, sondern – ganz unmedizinisch – nach dem Maß der Einkommenshöhe. Mit der gleichen Rechtfertigung ließe sich das skizzierte Metzger-Modell so modifizieren, daß alle Wurstkäufer nicht nach dem Umfang ihres Wursterwerbs, sondern nach dem Maßstab ihrer letzten Grundschulnoten oder nach der Quersumme ihrer Postleitzahl zu bezahlen hätten. Welcher denkende Mensch könnte ernsthaft glauben, daß so etwas jemals funktioniert? Daneben sprengt dieses Mega-System in einem Volk von vielen Millionen Teilnehmern auch alle Möglichkeiten der Kontrolle. Es hat keinerlei Menschenmaß mehr. Auf genau diese unübersichtliche Bühne tritt dann – als wäre ein Unsinn noch nicht Unsinn genug – das sogenannte „Sachleistungsprinzip". Mit diesem hat es folgende Bewandtnis: Der einzelne gesetzlich Versicherte erhält als Gegenleistung für seinen Zwang, monatlich Beiträge an seine Kasse zahlen zu müssen, keinerlei konkret beschriebene Gesundheitsdienste. Vielmehr beschränkt sich sein Gegenleistungsanspruch auf das allgemeine gesetzliche Versprechen, ihm werde im Krankheitsfalle die „erforderliche" Hilfe schon irgendwie zuteil. Worin konkret diese Hilfe besteht, bleibt offen. Auch gibt es keinerlei Schutz, daß ein heute bestehender Schutzumfang auch morgen noch in gleicher Weise gewährt wird. Das Bundessozialgericht spricht von einem jeweils aktuell „ausfüllungsbedürftigen Rahmenrecht" des Versicherten. In außerjuristischem Sprachgebrauch würde man wohl sagen: Nichts genaues weiß man nicht.

Die Aufgabe, dieses Rahmenrecht auszufüllen, liegt nun in den Händen der dazu berufenen Bürokratie. Sie muß folglich einen Krankheitsfall erkennen, ihn diagnostizieren, eine Therapie zur Anamnese planen und diese zuletzt auch mit allen Erfolgskontrollen durchführen. Das ist aus naheliegenden Gründen eine gewaltige Pflicht, der sie nur mit ärztlicher Hilfe entsprechen kann. Hierzu schließt die Bürokratie Sicherstellungsverträge mit Ärzten und sonstigen hilfreichen Menschen. Alle zusammen

nennt das Gesetz „Leistungserbringer". Und diese
Leistungserbringer bringen – in der weiteren Terminologie des deutschen Sozialsystems – „Sachleistun-
gen". Statt Geld bringen sie konkrete Hilfe. Das hört
sich zunächst sehr vertrauenswürdig an. Bei genauerer Betrachtung ist es aber mehr als problematisch.

Wie wir oben im Zusammenhang mit der Entstehung menschlicher Geldwirtschaft gesehen hatten,
lassen sich Schuhe und Brote oder Töpfe und Fische
bekanntermaßen nur schwerlich gegeneinander tauschen. Aus diesem Grunde hat die Menschheit über
die Jahrtausende ihrer Geschichte Geld als das beste
Hilfsmittel der Wertbemessung entdeckt. Das gesamte Problem der einheitlichen Bemessung unterschiedlicher Leistungen wird nun aber mit dem sozialrecht-
lichen „Sachleistungsprinzip" in unser Gesundheitssystem zurückgeholt. Man mag es kaum glauben, aber
das Beharren auf dem „Sachleistungssystem" anstelle
der Erlaubnis, ärztliche Dienste im gesetzlichen Gesundheitssystem mit Geld bezahlen zu dürfen, kata-
pultiert diesen gesamten Lebensbereich um sage und
schreibe 7000 Jahre Menschheitsgeschichte zurück
in die vorbabylonische Geisteswelt des Naturaltau-
sches!

Sämtliche kassenärztlichen Leistungen müssen
– so unterschiedlich sie zwischen sprechender Psy-
chotherapie, salbender Dermatologie, schneidender
Chirurgie oder strahlender Radiologie sein mögen –

mühsam verglichen und bewertet werden, bevor sie zuletzt in staatliches Geld an Kassenärzte umgerechnet und ausgezahlt werden. Auch alle übrigen Gesundheitsdienstleistungen von der Krankengymnastik bis zum Krankenhaus müssen entsprechend bewertet werden.

Die ganze Absurdität dieses Vorgehens wird offenbar, wenn man einmal fiktiv darüber nachdenkt, was wohl geschähe, würde man dieses scheinbar „gerechtere" Verteilungssystem auch auf der anderen Seite des Gesundheitssystems verbindlich einführen. In diesem Falle müssten nicht nur Kassenärztlichen Vereinigungen mit Krankenkassen und multiplen weiteren Behörden Arztdienste taxieren. Es müssten auf Seiten der Versicherten auch Kassenmetzgerliche und Kassenbäckerliche Vereinigungen gebildet werden, die in Zusammenarbeit mit Kassenelektrikern und Kassenfliesenlegern die Tauschwerte von Würsten und Hefezöpfen, von Kurzschlußreparaturen und Bodennivellierungen aushandeln.

Kurz: Wenn es einem Babylonier vor 7000 Jahren Probleme bereitete, eine Haarspange gegen eine Ziege zu tauschen, um wie viel schwieriger muß uns heute fallen, den Wert eines USB-Stick mit einer zahnärztlichen Wurzelbehandlung oder den Preis einer Abgassonderuntersuchung mit dem einer Darmspiegelung in Relation zu bringen. Genau diese Schwierigkeiten jedoch beherrschen sowohl zwischen allen Leistungserbringern insgesamt als auch innerhalb aller Einzelsparten nochmals das Tagesgeschäft aller Beteiligten. Kein Wunder, daß sie an diesen hochkomplexen Problemen scheitern müssen[83].

Inmitten dieser grotesken Prinzipien erleben wir nun die schon skizzierte gesundheitspolitische Schußfahrt über die schiefe Ebene der medizinisch-politischen Heilsverkündung, ohne daß auch nur ansatzweise absehbar wäre, wo die Piste endet. Alle Rahmen und Maßstäbe verschwinden im rhetorischen Nebel der politischen Beruhigungen. Woher die wahren Gegenleistungen für die Medizin in Zukunft je kommen sollten, bleibt ungewiß. Vorläufig wird weiter mit ungedeckten Krankenversicherungskarten aus der sozialversicherungsrechtlichen Alchimistenküche bezahlt. Deckungslücken werden mit Steuerzuschüssen scheinversiegelt.

Anstelle wirklicher Strukturänderungen hin zu einem System mit Menschenmaß, mit individuellen und konkreten Kontrollmöglichkeiten, mit der Chance auf beiderseitige win-win-Situationen, wie sie jedem Vertrag – übrigens auch jedem privatrechtlichen Versicherungsvertrag – wesenseigen sind, wird bislang nur immer weiter der absurd übersteigerte und ausgeuferte Kontrollmechanismus einer bürokratisierten Verwaltung aufgebläht. Nur dort, wo Menschen individuell und zivilrechtlich das von ihnen je vor Ort konkret als sinndienlich Erkannte umsetzen können, wird ressourcensparend gewirtschaftet. Und nur dort kann ein System sich denjenigen „Speck" anfressen, der unausweichlich benötigt wird, um Schwächeren unentgeltlich zu helfen.

Die Verwaltungskosten im Gesundheitssystem und die Zinslasten für Schulden im subventionierenden Steuersystem Deutschland steigen unterdessen unverdrossen. Wie viele Zahnprothesen kann man wohl für „einen Kyrill" kaufen? Wie vielen wirklich „Armen" könnte täglich bestens geholfen werden, wenn nicht ununterbrochen Hunderte und Tausende von virtuellen Sechsspur-Autobahnen errichtet werden würden? Zuletzt bleibt im Kollaps dieses Systems mit Sicherheit einer auf der Strecke: der Arme. Und je mehr Menschen durch dieses gegebene System genötigt sind, fremde Kredite zu bedienen, statt eigene Rücklagen für persönliche Schicksalsschläge bilden zu können, umso mehr Menschen werden zuletzt tatsächlich der Hilfe anderer bedürftig und also arm sein. In seiner gegebenen Gestalt wird man diesem Gesundheitssystem also ohne weiteres attestieren müssen, daß es „ausbeuterisch" im eingangs definierten Sinne organisiert ist.

Die Alterssicherung – oder: Wie man Schneebälle bäckt

Die nicht nur reichtumshindernden, sondern geradezu verarmungsfördernden Mechanismen des gesetzlichen Rentenversicherungssystems lassen sich im Vergleich zu diesen Abgründen des Gesundheitswesens noch recht einfach darstellen.

Anders als dort nämlich, wo – wie dargestellt – das Potential der Leistungen praktisch keine Grenzen kennt, endet die monatliche Rentenzahlung an einen Menschen zwangsläufig mit seinem Tod. Die Auszahlungsrisiken einer Rentenkasse mögen mit der allgemein steigenden Lebenserwartung größer werden. Doch das „Risiko" eines ewig lebenden Rentners hat diese Kasse in unserer Welt nicht zu bewältigen. „Alle Menschen sind sterblich", soll Karl Valentin gesagt haben, „ich also vielleicht auch".

Die sogenannte „Rentendebatte" der vergangenen Jahre hat bei einer schon erklecklichen Zahl von Bundesbürgern die erstaunte Einsicht befördert, daß sie bei der gesetzlichen Rentenversicherung keinerlei Kapital ansparen, das im Alter zur Verfügung stünde. Tatsächlich ist das bundesrepublikanische Rentenversicherungssystem nach dem sogenannten „Umlageprinzip" gestaltet: Was eine heute arbeitende Bevölkerung heute an Rentenbeiträgen in die Kassen einzahlt, wird sofort – also noch „heute" – an derzeit lebende Rentenbezieher ausgezahlt. Wer heute arbeitet und später Rente beziehen will, muß also hoffen, daß es dann noch arbeitende und einzahlungswillige andere Menschen gibt, die dasselbe Spiel mitspielen. Würden beispielsweise alle Menschen unter 65 Jahren beschließen, am nächsten Montag Deutschland zu verlassen, um ihr Glück in Thailand zu suchen, wären unsere Rentenkassen schon am kommenden Dienstag leer[84]. Wer dies für unseriös hält, wird mit mir nicht streiten müssen. Doch bleiben wir zunächst noch wertungsfrei bei den Fakten.

Zunehmend vergleicht man dieses rentenrechtliche Konstrukt in der einschlägigen Literatur bereits mit sogenannten „Schneeballsystemen". Bernd W. Klöckner hält das gesetzliche Rentensystem aus diesem Grund für insgesamt sittenwidrig[85] und Günter Ederer schreibt: „Die meisten Finanzjongleure, die damit Kunden fangen, landen früher oder später vor dem Kadi, weil sie ihren Kapitalfluß nur so lange absichern können, solange immer neue Kunden bereit sind, ihnen frisches Geld anzuvertrauen. ... Die kommende Generation hat den Vertrag rücksichtslos gekündigt, indem sie sich weigerte, genügend Kinder zu gebären, die das dringend benötigte frische Kapital einzahlen könnten"[86].

In der Tat ist die politische Fiktion des sogenannten „Generationenvertrages" im Rentenversicherungssystem der einzige mir bekannte Vertrag, der durch den Nichtgebrauch von Samensträngen und Eileitern gekündigt werden konnte. In sauberer juristischer Dogmatik sollte man allerdings eher klarstellen, daß es sich bei diesem Vertrag zwischen den Generationen überhaupt nicht um einen wirklichen

Vertrag im rechtlichen Sinne gehandelt hat. Denn seriöse Juristen schließen gar keine Verträge mit ungeborenen und/oder ungezeugten Menschen. Sie helfen nicht einmal anderen, solche Verträge auch nur ernsthaft in Erwägung zu ziehen. Folglich kommen sie dann auch nicht in die Lage, derartige Verträge – mit oder ohne Fortpflanzungsorganen – „kündigen" zu müssen. Die Erfindung dieses Umlageverfahrens in den 1950er Jahren hat ihren Vätern allerdings nicht nur ermöglicht, einer durch zwei Weltkriege in Deutschland an Kapital ausgezehrten Generation von jetzt auf gleich höhere Renten auszahlen zu können. Sie hat zugleich den wahltaktischen Nebeneffekt erzielt, die von ihnen gewünschte Wahlstimmenmehrheit in der nächsten Wahl zu erzielen. Üblicherweise wird dieser Gesichtspunkt bei der Erklärung unseres Rentensystems und seiner Geschichte in den Vordergrund gestellt. Das radikale Umlageverfahren und seine Überantwortung in die öffentlich-rechtlichen Hände staatlicher Anstalten hat allerdings noch einen völlig anderen, häufig übersehenen Effekt erzielt. In Anbetracht des Alters unserer Republik und namentlich im Angesicht ihres bevorstehenden Ablebens durch Ratifizierung der EU-Verfassung scheint zulässig, auch auf diese Lebenslüge des Landes zu sprechen zu kommen.

Was nämlich wäre die Alternative zu dem gewählten, staatlich organisierten Umlageverfahren gewesen? Man hätte ein Rentensystem der Kapitaldeckung wählen können. Dann wären alle Bürger – freiwillig oder zwangsweise – Inhaber von Kapitalkonten geworden, die über alle Jahre und Jahrzehnte ihrer Berufstätigkeit erhebliche Kapitalstöcke ergeben hätten. An die Stelle eines behördlichen Rentenbescheides wäre dann schlicht ein Sparbuch getreten.

Diese Variante aber hätte wiederum eine andere Festlegung erfordert. Entweder das Kapital wäre von einer staatlichen Stelle gesammelt und angelegt worden. Oder aber man hätte dies privaten Organisationen überlassen. Im ersteren Falle wäre hiermit eine konkrete parteipolitische Gefahr begründet worden: Der politische Gegner hätte das angesammelte Kapital dereinst per Gesetzesakt durch gezielte Auszahlungen wahlstrategisch einsetzen können. Die zweite Variante allerdings war wohl noch weit unangenehmer. Was nämlich passiert, wenn Private – also beispielsweise Versicherungen oder Banken – über dasjenige Kapital verfügen können, das Millionen Versicherte über Jahre und Jahrzehnte zinsbringend bei ihnen angelegt haben? Richtig: Sie gewinnen Macht und Einfluß!

Es gibt – grob gesprochen – nur zwei klassische Möglichkeiten, Menschen zu bestimmten Handlungen anzuhalten. Entweder, man zwingt sie mit (staatlicher) Gewalt zu bestimmten Verhaltensweisen. Oder man bezahlt sie. Damit verschafft Geld also Handlungsmöglichkeiten. Und je gewaltiger die angesammelten Summen sind, desto machtloser steht zuletzt ein Staat da, der vielleicht politisch ganz andere Wünsche hat als seine reichen Bürger mit ihren beruhigend gefüllten Konten.

Anläßlich eines sozialversicherungsrechtlichen Seminars, in das mich ein kleiner Lehrauftrag geführt hatte, erklärte ich meinen Studenten das Prinzip und die Gefahren des Umlageverfahrens. In der darauffolgenden Woche meldete sich einer der Studenten und hielt mir vor, ein anderer Dozent habe in der abgelaufenen Woche dringend davor gewarnt, Kapital in großen Mengen unter privater Kontrolle einsammeln zu lassen. Ich antwortete ihm, daß er nun das akademische Rüstzeug erworben hatte, um für sich eine Entscheidung zu fällen, die ihm niemand abnehmen könne: Wer, glauben Sie, geht mit dem eingesammelten Geld besser um? (a.) Der Eigentümer des Geldes, der – vertreten durch die ihm haftbaren Verwalter – seinen Lebensabend damit finanzieren muß? Oder (b.) ein demnächst wahlkämpfender Politiker, der über fremdes Geld verfügen kann und alle parlamentarischen Haftungsprivilegien der Freistellung von persönlicher Verantwortung genießt?

Der Student gab mir keine Antwort und unsere Wege trennten sich. Aber vielleicht geben auch Sie sich hier eine Antwort auf diese Frage. Sie könnten diese Antwort auf dem Zettel notieren, den Sie nut-

zen, um alle staatlichen Vorteile für Ihr Leben fest-
zuhalten. Ich möchte vermuten, Sie haben dort noch
Platz? Doch zurück zu unseren Fragen bezüglich des
Rentenwesens.

Unsere angelsächsischen Nachbarn haben traditionell auf das private Ansparen von Renten gesetzt.
Und deren Rentenfonds gehen nun folgerichtig – zum
Ärger deutscher Politiker – auf weltweite Einkaufs-
tour. Marode deutsche Staatshaushalte werden auf
diese Weise mit englischen oder amerikanischen
Rentenersparnissen saniert. Im Gegenzug gehören
weite Teile vormals „gemeinnütziger" deutscher Immobilien dann unseren Freunden aus Übersee. Statt
aufzuhören, gegen die Gesetze der Mathematik zu
rebellieren, führen viele aber lieber Debatten über
die Vertreibung sogenannter „Heuschrecken" von
deutschem Territorium. Eines wäre sicher spannend
zu erfahren: Was denkt ein amerikanischer Manager,
der amerikanische Rentner mit gescheiterten Akti-
engeschäften um ihren Altersunterhalt geprellt hat
und deswegen zu jahrzehntelanger Haft verurteilt
wurde, über Männer, die künftige deutsche Rentner
durch ein gescheitertes Umlagesystem um ihren Lebensunterhalt geprellt haben, die aber in Deutschland auf freiem Fuß ihre Ministerrente genießen?

Die Bundesrepublik Deutschland hat sich unterdessen auf eine Art Mischmodell verständigt. Aus
dem politischen Schlachtruf „Die Renten sind si-

cher!" ist der Verantwortungsappell „Sorgen Sie privat zusätzlich vor!" geworden. Pikanterweise trägt dieses Zusatzrentenmodell allerdings den Namen eines Gewerkschafters, der seinerseits einräumte, das volle Ausmaß des rentenpolitischen Desasters erst nach seinem Amtsantritt als Bundesminister erstmals erkannt zu haben[87]. Insofern darf sich wohl niemand wundern, der nun beginnt zu „riestern", wenn er im Alter auch nicht in den Genuß dieses zusätzlich angesammelten Rentengeldes kommt. Denn auch diese Zusatzrente ist im Grunde nichts anderes als angesammeltes Geld. Und Geld ist – wie wir gesehen haben – Gegenstand der Geldpolitik.

Die Hoffnung auf eine staatliche Rente wird also lediglich ergänzt um eine weitere Hoffnung auf eine private Zusatzrente. Beides aber unterliegt der politischen Fernsteuerung (Sie erinnern sich sicher noch an unseren römischen Kaiser von vorhin? „Read my lips: I did not ..."). Mit anderen Worten: Entweder Sie vertrauen den politischen Zusagen. Oder Sie tun es nicht. Eine substantielle Chance, „reich" zu werden, besteht auf diesem Gebiet jedenfalls auch nicht. Solange wir mit unseren Gesetzen eine rein vertraglich und individuell organisierte Rente von nennenswerter Bedeutung unmöglich machen, bleiben alle ärmer als sie es sein müssten. Übrigens auch die wirklich Armen. Vielleicht ist aber der sicherste Weg zu Wohlstand und Sorglosigkeit in der Tat noch immer ehrliche und fleißige Arbeit. Blicken wir also nicht länger auf Kapitalanlagen und Zinserwartungen, sondern auf die Chance, hart zu arbeiten und gutes Geld damit zu verdienen. Ist uns die Bundesagentur für Arbeit hierbei vielleicht ein guter Partner? Oder steht zuletzt auch sie eher als eine Art Hindernis zwischen uns und einem – bescheidenen – Reichtum?

Arbeitsförderung – wessen eigentlich?

Zyniker haben behauptet, die Arbeitsverwaltung heiße in erster Linie deswegen Arbeitsverwaltung, weil sie damit beschäftig sei, sich selber zu verwalten. Was also ist ein „Arbeitsamt"? Was ist die Bundesagentur für Arbeit? Ein Jobmakler? Ein Sozialleister? Eine Schule für Erwachsene? Eine therapeutische Einrichtung für motivationsschwache Mitbürger? Am Ende gar eine Art Gemischtwarenverwaltung für alles zusammen?

Die Grundidee dieser Anstalt – die nun verwirrenderweise „Agentur" heißt und deren Zwangsmitglieder von ihr „Kunden" genannt werden – war, dem vorübergehend arbeitslosen Arbeiter finanziellen Rückhalt zu geben, um sein Leben bis zum Antritt einer neuen „Stelle" bezahlen zu können. Zu diesem Zweck sollte er von seinen erzielten Arbeitseinkünften Beiträge in die Kasse einzahlen. Fiel der Lohn dann einmal fort, traten an dessen Stelle Lohnersatzleistungen. Das gesamte Konstrukt verwirklichte also im Grunde nur den alten Satz: „Spare in der Zeit, dann hast Du in der Not", angereichert um das Element eines solidarischen Kollektivs aller Zwangsversicherten.

Bei dieser Grundidee allerdings blieb es nicht. Heute regelt das Dritte Sozialgesetzbuch mit seinen Bestimmungen zur, wie es heißt, „Arbeitsförderung" nicht nur die Zahlung vor Arbeitslosengeld, sondern einen ganz bemerkenswert bunten Strauß anderweitiger Leistungen: Im Gesetz heißt es, die Verwaltung bezahlt Teilarbeitslosengeld, Übergangsgeld, Kurzarbeitergeld, Insolvenzgeld, Wintergeld und Eingliederungszuschüsse sowie Maßnahmen der beruflichen Bildung und Weiterbildung, der beruflichen Rehabilitation wie auch so weitreichende Aktivitäten wie Arbeitsbeschaffungsmaßnahmen, Maßnahmen zur Förderung von beschäftigungsschaffenden Infrastrukturmaßnahmen oder der Berichterstattung über die Statistiken aus der Berufs- und Arbeitsmarktforschung.

Kurz: Alles was wirklich wichtig ist, wird unter Beachtung der einschlägigen Datenschutzvorschriften auf Antrag in der Selbstverwaltung aufsichtskonform abgearbeitet, einschließlich der Bußgeldbescheide an ihre Kunden sowie der pflichtgemäßen Prüfung von Leistungsverfahren in Sonderfällen, der Bildung und Anlage von Rücklagen und – natürlich – der Organisation der Winterbau-Umlage, die ja bekanntlich zwischen Wintergeld und Winterausfall-geld unterscheidet.

Warum es in dieser Verwaltung niemals langweilig werden kann, läßt sich sehr schön an *§ 434j Absatz 9 des Dritten Sozialgesetzbuches (SGB III)* ablesen: *„Für Zeiten bis zum 31. Dezember 2004 tritt in § 61 Abs. 4 Satz 3, § 77 Abs. 1 Nr.3, § 117 Abs. 1 Nr. 2, § 119 Abs. 1 Nr. 2, Abs. 2 und 3, Nr. 3, Abs. 5 Satz 1 und 2, § 133 Abs. 4, § 134 Abs. 2 Nr. 2, § 135 Nr. 3 und 7, § 144 Abs. 1 Nr. 2, § 145 Abs. 1 und 2, § 152 Nr. 2, § 155 Nr. 3 und § 158 Abs. 2 an die Stelle des Arbeitsamtes die Agentur für Arbeit."*

Diese Regelung kann im Laufe eines Tages im Büro bestimmt sehr viel Unterhaltung verschaffen. Und sie entspricht insbesondere dem rechtstaatlichen Prinzip der Normenklarheit. Danach sind alle rechtlichen Regeln stets so zu fassen, „daß die Betroffenen ihre Normunterworfenheit und die Rechtslage hinreichend konkret erkennen können, so daß sie ihr Verhalten danach auszurichten vermögen"[88].

Man hätte zwar auch einfach darauf verzichten können, das „Arbeitsamt" in „Agentur für Arbeit" umzubenennen. Dann aber wären sowohl wichtige beschäftigungspolitische und infrastrukturelle Belebungsimpulse in der groß- und kleinstädtischen Straßenschilder- und Gebäudebeschilderungs-Industrie wie auch in der Bundesdruckerei unterblieben. Wahrscheinlich wäre dies mit dem grundgesetzlichen Sozialstaatsgedanken kollidiert. Das sollte wohl vermieden werden. Genau weiß ich es auch nicht.

Wenn allerdings – wie wir oben schon herausgearbeitet hatten – die Belastung der Arbeit mit staatlichen Abgabenpflichten deren Nachfrage und Umfang minimiert, weil sie Arbeitsleistungen schlichtweg immer nur teurer macht, dann sollte das gesamte Arbeitsförderungsrecht eigentlich nur aus einer einzigen Gesetzesregel bestehen. Die müsste lauten: „Auf Arbeitslohn dürfen Steuern oder Abgaben weder bei dem Arbeitgeber noch bei dem Arbeitnehmer erhoben werden." Dies wäre – nach aller auch weltweit historischen Erfahrung – die allerbeste und kostengünstigste Arbeitsförderung überhaupt. Sie erinnern sich: Auf diese Weise würde alle Arbeit plötzlich um mindestens die Hälfte billiger!

Statt dessen verteuert auch das Dritte Sozialgesetzbuch unsere Arbeit so sehr, daß sie nicht ungehindert nachgefragt werden kann. Anschließend werden aus dem vereinnahmten Geld dann zum Beispiel Arbeiten zur „Verbesserung der Infrastruktur und zur Erhaltung und Verbesserung der Umwelt" gefördert[89]. Es gab Zeiten in unserer europäischen Geschichte, da wäre man für den Versuch, „die Umwelt zu verbessern", wegen Gotteslästerung angeklagt worden. Nun aber gestattet der Gesetzgeber sich gleichsam den arbeitsverwaltungsrechtlichen Luxus, mit angezogener Handbremse immer wieder heftig zu beschleunigen. Bei natürlicher Betrachtung wirkt dies auf den unbefangenen Betrachter doch ein wenig paradox, meinen Sie nicht auch?

Was sagt dazu eigentlich – bei juristischer Betrachtung – unser Bundesverfassungsgericht? Das Grundgesetz, lesen wir dort, verpflichte „alle rechtsetzenden Organe des Bundes und der Länder, die Regelungen jeweils so aufeinander abzustimmen, daß den Normadressaten nicht gegenläufige Regelungen erreichen, die die Rechtsordnung widersprüchlich machen"[90].

Spätere Generationen werden die Widersprüche unseres Steuer- und Sozialstaates als Steinbrüche für Hohn, Spott und Kabaretteinlagen nutzen können[91]. Für unsere Generation bleibt vorerst nur die traurige Erkenntnis, daß der berufstätige Fleiß von Millionen Steuer- und Sozialbeitragszahlern einen äußerst lukrativen Steinbruch für den Gewinn von Staatsbürokratie darstellt. Wir müssen bis auf weiteres damit leben. In diesem Zusammenhang fällt schon kaum mehr terminologisch ins Gewicht, daß hierzulande noch immer ernstlich von „Arbeitsmarktpolitik" gesprochen wird. Den Widerspruch auch in diesem Begriff scheint niemand mehr zu erspüren. Zeugungsabtreibung. Löschentzündung. Marktpolitik.

Wir werden also nach allem auch durch Arbeit wieder nicht reicher. Jeder produktive Akt eines einzelnen fleißigen Menschen zieht sogleich eine Unzahl unproduktiver Staatsverwaltungsakte nach sich. Man wird erfasst, unterstützt, fortgebildet, beraten, vermittelt und zuletzt wieder so durch Abgaben erdrückt, daß man seine Arbeit verliert. Dann kann man wieder erfasst werden und unterstützt, und und und.

Spätestens aus dem zuletzt Gesagten können sensible Gemüter zwanglos diese Erkenntnis destillieren: Selbst wenn es nicht einen einzigen Arbeitslosen mehr im ganzen Lande gäbe, die Arbeitsverwaltung wüsste sich ohne weiteres endlos weiter zu beschäftigen. Mit sich selber. Und sie hätte zweifelsohne auch noch Spaß dabei. Mindestens würde es alle ihre Mitarbeiter auf unabsehbare Zeit ernähren.

Dieser Gedanke rechtfertigt einen letzten kleinen sozialversicherungsrechtlichen Exkurs in drei weitere Bücher des Deutschen Sozialgesetzbuches. Blicken wir auf die Phänomene namens Unfall- und Pflegeversicherung sowie auf die sogenannte „Grundsicherung"!

Unfall- und Pflegeversicherung oder: Mit Onan im Büro

Wir haben gesehen: Wer krank ist, ist ein Fall für die Krankenkasse. Wer alt ist, ist ein Fall für die Rentenkasse. Was aber ist mit solchen Mitbürgern, die bei der Arbeit krank (oder gar auf Dauer berufsunfähig) werden? Kann es einer staatlichen Verwaltung genügen, auch diese Menschen von Kranken- oder

Rentenkassen versorgen zu lassen? Nein! Das ist selbstverständlich bürokratisch unbefriedigend. Also hat man eine Lösung gefunden, die den „Faktor Arbeit" zwar weiter verteuert, weil er mit noch mehr Abgabenlasten für noch mehr Verwaltungsaufwand belastet wird. Aber er nährt Menschen in sicheren, auf Lebenszeit beamteten Verwaltungsjobs. Das ist zwar wieder schlecht für unseren angestrebten bürgerlichen Reichtum. Aber es ist gut für die öffentliche Verwaltung. Und um die geht es ja im Kern.

Wen seine Arbeit krank macht, der ist ein Fall für die „gesetzliche Unfallversicherung". Und um die kümmert sich ein eigener Verwaltungszweig namens Berufsgenossenschaft. Neben der Unfallkasse des Bundes, der Eisenbahn-Unfallkasse, der Unfallkasse Post und Telekom, der Unfallkassen der Länder, der Gemeindeunfallversicherungskassen und Unfallkassen der Gemeinden, den Feuerwehr-Unfallkassen und den gemeinsamen Unfallkassen für den Landes- und den kommunalen Bereich gibt es gleich noch 35 einzelne gewerbliche Berufsgenossenschaften sowie 10 weitere landwirtschaftliche Berufsgenossenschaften. Sie sehen, man sorgt sich. Besonders um die jeweilige Abgrenzung der Zuständigkeitsbereiche unter- und gegeneinander. Denn Entbürokratisierung und Verwaltungsvereinfachung erfordern einfach ein sauberes Regelwerk zur schlanken Verwaltung aller Schnittstellen. Schließlich sollen ja keine Versichertengelder unnötig verschwendet werden. Wenn aber schon die Unfallversicherungsträger eine eigene Organisation und ein ganzes eigenes Siebtes Sozialgesetzbuch haben dürfen, dann konnte selbstredend auch die Soziale Pflegeversicherung dem nicht nachstehen. Also wurde im Jahre 1994 ein weiterer eigener Zweig für auch dieses wichtige Tätigkeitsfeld geschaffen, obwohl gewichtige Stimmen diese für ganz überflüssig hielten. Denn schließlich gab es schon ein Krankenversicherungssystem und ein Bundessozialhilfegesetz, mit dem sich nach Meinung dieser Experten schlichtweg sämtliche Probleme ohne weiteres hätten erfassen lassen. Doch: Wenn unsere Politik einmal die Chance erkannt hat, mit unserem Geld wirklich Gutes für die Elenden und Armen zu tun, dann vermag keine Macht der Welt diesen Aktivismus mehr zu stoppen. Folglich bekamen wir ein Elftes Sozialgesetzbuch zur Pflegeversicherung, an das sich unser – zum Zwölften Sozialgesetzbuch umbenanntes – Bundessozialhilfegesetz seit 2003 nahtlos anschmiegt. Und weil das alles so schön ist, wurde gleich auch noch ein neues Zweites Sozialgesetzbuch dazugelegt, das nicht nur die Armen im Allgemeinen zum Gegenstand hat, sondern im Besonderen die arbeitssuchenden Hilfebedürftigen. Verwaltung ist, wenn man trotzdem lacht. Oder wenn sie sich mit sich selber beschäftigt. Zur eigenen Freude und Befriedigung.

Eine Art Zwischenresümee

In der Weltanschauung dieser Politik ist das Erwirtschaften von Gewinnen und Überschüssen nicht vorgesehen. Es ist nicht erlaubt, weil es – wie wir gesehen haben – zum Bösen mystifiziert ist. Diese Politik der reinen Kostendeckung ist jedoch – wie ebenfalls dargestellt – lebensfeindlich, weil sie das natürliche (vielleicht gar göttliche?) Prinzip der positiven Leistungsbilanz bekämpft.

Eine der literarisch, grammatikalisch und semantisch sicher schönsten Vorschriften unserer gesamten Rechtsordnung, § 3 Satz 1 der Verordnung über das Haushaltswesen in der Sozialversicherung vom 21. Dezember 1977, sagt: „Alle Einnahmen dienen als Deckungsmittel für alle Ausgaben." Inhaltsähnlich bestimmt § 220 Abs. 1 Satz 2 SGB V für die Beitragseinnahmen der gesetzlichen Krankenversicherung, daß sie die Ausgaben und allenfalls die Zuführungen zur Rücklage decken dürfen. Dennoch sind alle Sozialkassen permanent im Minus. Oder wie man vornehmer sagt: im Soll. Immer muß aus Steuermitteln zugeschossen werden. Was also läuft nur ständig falsch? Offenbar verschließt sich das gesamte Sozialsystem konsequent der Erkenntnis, daß die notorische Überziehung aller Konten in irgendeinem Zusammenhang damit stehen könnte, schrankenlos immer weitere Mittel aus der Bevölkerung eintreiben zu können. Keiner der Versicherten wird je gefragt, ob er Beitragserhöhungen und immer weiteren Steuerzuschüssen freiwillig zustimmen würde. Im Gegenteil. Wie der Inhaber eines Blanko-Schecks zieht unsere Politik sogar noch weiter und nimmt immer neue Kredite zu Lasten des Staatshaushaltes auf, um Lücken zu füllen. Und was sich nicht mehr regulär auf der nominellen Kreditlinie darstellen läßt, wird durch geldpolitische Aktivitäten arrondierend herbeigeschafft. Alles immer auf unsere Kosten, Ihre und meine.

All dies ist ersichtlich sehr unbefriedigend. Und immer wieder fällt auf, daß bei alledem eine ganz bestimmte Kontrollinstanz fehlt: die Kontrollinstanz der Freiwilligkeit. Immer dann nämlich, wenn die Existenz und der Fortbestand eines Systems davon abhängen, ob Menschen freiwillig an ihm teilnehmen, gerät ein System unter einen äußerst wohltuenden Rechtfertigungsdruck. Es muß seine Angehörigen überzeugen, warum es genau so gestaltet ist, wie es sich darstellt. Kann es dagegen seine Teilnehmer schlichtweg gewaltsam zwingen, ihm treu zu bleiben, muß es sich nicht anstrengen. Es braucht sich auch hinsichtlich seiner Mängel nicht zu ändern. Es muß nicht besser werden. Warum auch? Änderungen erfordern schließlich Anstrengungen. Und die sind unbequem. Also sucht auch ein mangelhaftes System lieber im Lichtschein der eingangs beschriebenen Laterne nach dem Schlüssel gegen die Überschuldung, statt einen Gang in das Ungewisse zu wagen.

Ob also unsere derzeitige deutsche Strategie die richtige Vorgehensweise darstellt, alles und jedes mit staatlichen Zwangsmitteln regeln zu wollen, damit es auf alle Fälle gut werde, mag man daher durchaus bezweifeln. Oder anders gesagt: Man kann es auch für schlicht kontraproduktiven Unsinn halten.

DRITTER
UNTERABSCHNITT

WO WIR EINMAL DABEI SIND: NOCH MEHR GE- UND VERBOTE

Vor einiger Zeit hatte ich ein interessantes Gespräch mit einem Arzt. Er sprach davon, daß er – genau wie ich als Rechtsanwalt – ein Freiberufler sei. Meine erstaunte Gegenfrage, ob er tatsächlich glaube, einen „freien Beruf" auszuüben, bejahte er. Da hielt ich ihm dies vor: Sicher sei er vor der Aufnahme seines Medizinstudiums in einen städtischen Kindergarten, in eine städtische Grundschule und dann auf ein städtisches Gymnasium gegangen. Dann habe er an einer staatlichen Hochschule mehrere Staatsexamina abgelegt, um zuletzt von einem Regierungspräsidenten staatlicherseits seine ärztliche

Approbationsurkunde zu erhalten. Nach der weiteren Korrespondenz mit der öffentlich-rechtlichen Ärztekammer, deren Zwangsmitglied er werden mußte, habe er dann sicher einen Zulassungsantrag bei der Kassenärztlichen Vereinigung gestellt, die bekanntlich auch eine öffentlich-rechtliche Körperschaft sei. Diese wiederum bezahle ihn aus Mitteln der Krankenkassen, die ebenfalls öffentlich-rechtliche Körperschaften sind. Ausgenommen hiervon seien nur die Gelder, die seine Kassenärztliche Vereinigung unmittelbar an sein ärztliches Versorgungswerk entrichte, dem er als Personalkörperschaft ebenfalls zwangsweise angeschlossen sei.

Tatsächlich ist den wenigsten Menschen in unserem Lande bewusst, in welch ungeheuren Ausmaßen unsere Leben bereits in staatliche Korsette gezwängt sind. Kaum daß der – nach dem Zeitgesetz justierte! – Wecker uns morgens in den Tag gerufen hat, erinnern den Juristen schon die Wasserhähne im Badezimmer an den gemeinderechtlichen Anschluß- und Benutzungszwang hinsichtlich der Frisch- und Abwasserregelungen. Und nur wer anschließend mit dem – selbstverständlich öffentlichen! – Personennahverkehr zu seiner Arbeit fährt, stellt sich nicht die Frage, ob er die öffentlichen Urkunden „Autozulassung" und „Führerschein" bei sich trägt, wenn er in seine Garage tritt. Selbst wenn der Bürger nach einem langen und arbeitsreichen Tag abends müde in seinem Fernsehsessel zusammensackt, vermag er den staatlich angeordneten Zwangsmitgliedschaften noch immer nicht auszuweichen. Als „Rundfunkteilnehmer" hat er hier pflichtgemäß die öffentlich-rechtlichen Sendeanstalten brav zu alimentieren. Und nicht einmal die Fernbedienung seines Fernsehgerätes eröffnet ihm dort eine Ausweichoption. Denn auch die privaten Fernsehsender stehen unter der Überwachung staatlich zuständiger Landesmedienanstalten. Mehr noch: Sogar über die Programme der Privatsender werden staatlich behutsam ausgewählte Inhalte namens „Fensterprogramm" verbreitet.

Der ehemalige Senderchef des Privatfernsehenders „Sat.1", Roger Schawinski, schreibt: „Der Rundfunkstaatsvertrag verlangt, daß innerhalb einer privaten Sendergruppe derjenige Sender, der mindestens 10% des Zuschaueranteils erreicht, unabhängigen Dritten einen Teil seiner Sendezeit für Fensterprogramme zur Verfügung stellen muß. ... Auch die Dauer und Positionierung der Fensterprogramme sind vorgeschrieben. ... Das Wichtigste aber: Die Sender müssen diese Drittprogramme voll finanzieren, und zwar zu Kosten, die faktisch vom Staat festgelegt werden. Der Staat bestimmt gemäß einem komplizierten Verfahren auch in letzter Konsequenz die Lizenznehmer. ... Das ist natürlich eine ideale Vorlage zur Schaffung von Pfründen mit allen Abgründen, die damit verbunden sind."[92]

Von den segensreichen Möglichkeiten wohl-standsschaffender freiwilliger Verträge haben wir uns demnach wohl auch auf diesen Gebieten bereits er-heblich entfernt. Wenn der staatlich erzogene Arzt nach einem staatlich organisierten Tag im Operati-onssaal in sein baurechtlich geprüftes Heim zurück-kehrt, um mit lebensmittelrechtlich einwandfreien Kartoffelchips und einem weinrechtskonformen Ge-tränk die vielfältigen Meinungen der beschriebenen Fensterprogramme zu betrachten, dann mag er sich als einen seine Freizeit frei gestaltenden Freiberufler betrachten. Er ist es nicht.

Nur von älteren Kollegen kann er sich noch eine Geschichte wie diese erzählen lassen: Einst setzte ein Arzt seinen eigenen Körper in sein eigenes, feinstaub-plakettenfreies Auto und fuhr unangeschnallt in die Innenstadt. Dort parkte er auf einem gebührenfreien Parkplatz. Anschließend betrat er eine Eckkneipe. Bei einem Glas Wein und einer Zigarette sprach er mit jungen Assistenzärzten und führte mit ihnen Bewer-bungsgespräche. An deren Ende verkündete er einer Aspirantin, er wolle sie einstellen, weil sie als Frau besser in sein Team passe.

Heute würden die Einnahmen mehrerer Monate für einen solchen Arzt nicht mehr hinreichen, um die Bußgeld-, Geldstrafen- und Entschädigungssummen aufzubringen, die durch derartiges Handeln zur Zah-lung fällig wären. Anschnallpflicht? Abgasrecht?

Straßenverkehrsordnung? Rauchverbot? Promille-grenzen? Allgemeingleichbehandlungsantidiskri-minierungsgesetz? Der Herr Doktor könnte sich glücklich schätzen, wenn er nicht gleich auch noch auf eine Terrorabwehrfahndungsliste gesetzt würde. Er müsste sich schämen!

Was hat all dies mit unserem Generalthema, der Ausbeutung des Bürgers durch den Staat und die Verhinderung breiten, privaten Reichtums zu tun? Ganz einfach: Immer dann, wenn dieser beispielhaf-te Arzt – ebenso wie jeder andere potentielle Arbeit-geber – mit der Einhaltung und Organisation von rechtlichen Rahmenbedingungen befasst ist, kann er nicht produktiv tätig sein. Er kann also weder den materiellen Reichtum der Gesellschaft vermehren, noch auch – als Arzt – heilen. Je mehr staatliche und namentlich bürokratische Hindernisse aufgebaut werden, desto geringer wird der Wohlstand. Bis die Wohlstandsverluste eines Tages nicht einmal mehr durch die exzessive Steigerung von Produktivität kompensiert werden können, wie wir sie in der jüng-sten Vergangenheit erlebt haben und erleben. Ist die-ser Kompensationspunkt überschritten, wird die rea-le Verarmung schließlich tatsächlich spürbar.

Ließen sich aber auf diese Weise nicht auch Or-ganisationen schaffen, die mit den steigenden ver-waltungstechnischen und bürokratischen Anforderun-gen auch ohne Wohlstandsverluste Schritt halten können? Leider nein. Das Gegenteil ist sogar bereits der Fall. Denn wenn sich mehrere kleinere Betriebe beispielsweise zu größeren Einheiten zusammentun, um durch die dabei entstehenden Synergieeffekte weitere Einsparungen zu erzielen, dann steigen die Anforderungen an ihre interne Organisation noch weiter.

Im Beispiel des anstellungswilligen Arztes aus unserer Eckkneipe wird dies besonders augenfällig. Wäre er nämlich nicht nur Kleinunternehmer mit drei oder vier Angestellten, sondern etwa ein Arbeitgeber mit Hunderten von Angestellten, dann griffen für die Organisation seines Betriebes die gesamten Rechtsregeln der sogenannten betrieblichen Mitbestimmung. Insbesondere bräuchte er einen Betriebsrat. Und spätestens damit wird die Führung eines Unternehmens und das Beschäftigen von Mitarbeitern vollends zum bürokratischen Eiertanz.

Die Arbeitsrechtlerin Valerie Naumann berichtet: „Einstellung und Versetzung von Mitarbeitern sind nur mit Zustimmung des Betriebsrates möglich. Vergißt der Arbeitgeber bei der Zustimmungseinholung nur einen Punkt, z.B. die Vorlage einer Notiz, die er sich zu einem Vorstellungsgespräch gemacht hat, so gilt der Betriebsrat als nicht hinreichend informiert, die Frist zur Stellungnahme beginnt nicht zu laufen und der Arbeitgeber darf die Einstellung nicht vornehmen. ... Eine Kündigung ist ohne vorherige Anhörung des Betriebsrats unwirksam, unabhängig davon, was dem Arbeitnehmer zur Last gelegt wird. ... Wird beispielsweise ein Mitarbeiter beim Diebstahl eines Laptops erwischt und schreibt der Arbeitgeber in das Anhörungsschreiben für den Betriebsrat versehentlich elf statt 14 Jahre Betriebszugehörigkeit, so ist die Anhörung fehlerhaft und die Kündigung unwirksam. ... Alle Maßnahmen der betrieblichen Bildung müssen mit dem Betriebsrat vorab beraten werden. Der Teilnehmerkreis, Umfang der Veranstaltung, zeitliche Lage, anzuwendende Methoden, das Seminarkonzept usw. – über all das muß der Arbeitgeber mit dem Betriebsrat beratschlagen. Der Betriebsrat ist über unterschiedlichste Bereiche – von Gehaltslisten bis hin zum betrieblichen Umweltschutz – zu informieren. Unterbleibt im Einzelfall eine Information oder hält der Betriebsrat sie für nicht genügend rechtzeitig oder umfänglich, so kann er klagen und sämtliche darauf beruhenden Maßnahmen unterbinden.“[93]

All dies hat uns übrigens auch nicht ganz überraschend, unvorhersehbar und schicksalhaft ereilt. Im Gegenteil. Es war vorherzusehen. So schrieb beispielsweise Jürgen Eick schon im Jahre 1974, als das Mitbestimmungsrecht gerade in seiner Entstehung begriffen war: „Die Gewerkschaften stellen neben den verfassungsmäßigen Organen die mächtigste Gruppe im Staat dar. Mit der Tarifhoheit, die sie zusammen mit den Arbeitgebern ausüben, haben sie einen zentralen Hebel der Wirtschaftspolitik in Händen, der unmittelbar auf das Preisniveau einwirkt; die Stabilität der Währung hängt entscheidend von der Vernunft oder Unvernunft der gewerkschaftlichen Forderungen ab. Es gibt kaum einen Bereich des öffentlichen Lebens, an dem die Gewerkschaften nicht beteiligt sind. Zu allen wichtigen politischen Fragen erheben sie machtvoll ihre Stimme. In der Bundesregierung gehören mehrere Minister der Gewerkschaft Öffentlicher Dienst an. Von den 518 Mitgliedern des Bundestages sind 250 Gewerkschaftler. ... Dazu genießen die Gewerkschaften die Sympathien in den linken Flügeln der Parteien und der Sozialdemokratie als ganzes. Zugleich halten die Gewerkschaften in ihren Händen einen Kranz von Unternehmen, die ihnen ganz gehören oder an denen sie beteiligt sind. Dies Art unternehmerischer Aktivitäten der Gewerkschaften erstreckt sich auf Produktion, Handel, Banken, Versicherungen, Reise- und Verlagsunternehmen. ... Der Star aber dieser gewerkschaftseigenen Unternehmen ist die ‚Bank für Gemeinwirtschaft‘, eine Großbank, die ihrerseits wieder eine Fülle von Beteiligungen an Unternehmen der verschiedensten Wirtschaftszweige in Kreditwesen, Industrie und Handel unterhält. Es versteht sich, daß dies auch die Hausbank der einzelnen Industriegewerkschaften ist, in der die ‚Streikkassen‘ der einzelnen Industrie-Gewerkschaften verwaltet werden. Merkwürdig ist, daß die Gewerkschaften, die von ihrem Counterpart, den Unternehmen, regelmäßig eine Politik der ‚Gläsernen Taschen' fordern, bisher noch niemals einen Gesamtüberblick über ihr Vermögen und alle ihre wirtschaftlichen Aktivitäten publiziert haben. Es ist durchaus gerechtfertigt, hier von einer Zusammenballung wirtschaftlicher Macht einer einzelnen Gruppe zu sprechen: Der Gewerkschaft. ... Wenn nun zu alledem die paritätische Mitbestimmung hinzukommt, – wer um alles in der Welt will sich denn dann noch gegenüber dem Machtanspruch einer so geballten Ladung von Vermögen, organisierten Menschen, geplanter Einwirkung und machtvoll gefordertem Einfluß wiedersetzen suchen? Das wäre ein Paradies für Gewerkschaftsfunktionäre. Nun hätten sie alle Unternehmen an der Strippe und könnten von den Gewerkschaftszentralen aus die Wirtschaft lenken, nach ihrem Sinne. ... Diese Gewerkschafts-Macht wird dazu noch eine sehr schwer greifbare Macht sein, so anonym wie die Macht einer bürokratischen Planungsbehörde. Man wird nie genau wissen, wer eigentlich entschieden hat. ... Bei dem Klein-Klein des zukünftigen Mitbestimmungs-Alltags von Morgen – falls es dazu kommt – wird die Macht im Dunkel kollektiver Beschlüsse bleiben."[94]

„Falls es dazu kommt." Es kam dazu. Und es kam ersichtlich genau so, wie prognostiziert. Mit allen

bitteren Konsequenzen für die Behinderung frucht-
bringender Wirtschaft. Denn soviel ist sicher: Jedes
Geschäft, das ein Unternehmen nicht abschließt, ist
auch für jeden seiner Mitarbeiter ein verlorenes Geschäft. Wo es keinen Umsatz gibt, da kann auch kein
Überschuß erzielt und verteilt werden. Von nichts
kommt nichts. Jedenfalls kein Profit für alle, sondern allenfalls Bürokratie für wenige: „Wäre da nicht
das eigentliche Geschäft, könnten sich Unternehmen
in Deutschland heutzutage problemlos ausschließlich
mit Mitbestimmungsfragen beschäftigen", bemerkt
Valerie Naumann sarkastisch.[95]

Damit schließt sich ersichtlich der Kreis zu unserer Feststellung hinsichtlich der öffentlichen Arbeitsverwaltung. Auch die könnte ja – wie dargestellt
– ohne weiteres mit der Erstellung von Statistiken zu
Arbeitsmarkt und Berufsforschung etc. problemlos
weiter existieren, selbst wenn es auf Dauer wieder
Vollbeschäftigung in Deutschland gäbe. Mindestens
bliebe ihr die Verwaltung von Schwerbehinderten.
Denn Arbeitgeber mit mindestes zwanzig Beschäftigten müssen von Gesetzes wegen bekanntlich mindestes fünf Prozent ihrer Stellen mit Schwerbehinderten besetzen. Sind sie dazu nicht willens oder fähig, kostet das: „Der ‚Strafzoll' beträgt monatlich 105
bis 260 Euro pro nicht besetztem Arbeitsplatz", warnt
meine Lokalzeitung ihre Leser. Als allerletzter Not-
nagel wäre denkbar, die Bundesagentur für Arbeit

noch mit Fragen der Arbeitssicherheit und Gesundheit am Arbeitsplatz zu befassen. Denn um dieses Thema kümmern sich derzeit nur drei Stellen: die Berufsgenossenschaften, die Krankenkassen und die staatlichen Ämter für Arbeitssicherheit. Dreifach hält sicher. Vierfach hält sicherer. Und wir haben es ja bekanntlich gerne sicher in Deutschland. Koste es, was es wolle.

Zuletzt sind wir bei allem, was wir tun, nicht mehr primär damit befasst, unser Leben ordentlich zu organisieren, sondern nur noch damit, die aberwitzigsten Regeln zu beachten. So verfolge ich mit großem Interesse die weiteren Debatten über die multikulturelle Integration verschiedener ethnischer und religiöser Gemeinden. Wenn wir nämlich politisch derzeit schon der Auffassung sind, daß die beiden Gruppen „Nichtraucher" und „Raucher" ihre jeweiligen Lebensbereiche nicht autonom und eigenverantwortlich gegeneinander abgrenzen können, sondern rigider staatlicher Anordnungen bedürfen – wie soll dann erst die Koexistenz verschiedener religiöser Kulturen in einem Gebiet friedlich organisiert werden?

Im Zusammenhang mit der Diskussion um das Rauchverbot in Kneipen hat man Wirte und Gäste nicht mit dem Argument gehört, daß sie sich allesamt freiwillig mit ihren eigenen Körpern dort aufhielten. Man rückte (angesichts der Intensität unseres Arbeitsschutzes nicht erstaunlich) in den Vordergrund, Kellner könnten faktisch genötigt sein, dort schutzlos ihren Lebensunterhalt zu verdienen. Ein Volk von 82 Millionen Menschen verbot sich also das öffentliche Rauchen, um alle diejenigen namenlosen Kellner zu schützen, die ihren Beruf ergriffen hatten, ohne zu ahnen, daß in Restaurants Gäste rauchen könnten.

Als wäre diese Argumentation nicht erstaunlich genug, schob dann die Europäische Union auch noch eine Lärmschutzrichtlinie hinterher, die nun mit den Mitteln des gewöhnlichen Verstandes definitiv nicht mehr zu fassen ist: Auch Kulturorchester dürfen nicht mehr lauter sein, als 85 dB. Geschützt wird demnach nun dort ein Orchestermusiker, der während der vorangegangenen rund 20 Jahre seiner Ausbildung nicht bedacht hatte, daß sein Beruf mit der Erzeugung von Geräusch verbunden ist. Kann man demnach nun nicht mehr Werke von Richard Wagner spielen, weil der einfach zu laut komponiert hatte[96] ?

Die Sache bleibt unsicher. Jedenfalls sind spezielle Ohrstöpsel für Orchestermusiker bereits erfunden[97] . Schlimmstenfalls werden Wagner, Bruckner und Mahler nun zu Spezialaufgaben für Orchester aus exklusiv selbständigen Musikern. Für die nämlich gilt die Richtlinie ebensowenig wie für Orchester, die in Gebäuden musizieren, für die der Denkmalschutz greift. Ich denke, das sollte uns ein kulturvielfältiges Fensterprogramm wert sein: „Hören

Sie nun die ‚special task force Götterdämmerung' live aus dem Bayreuther Festspielhaus unter der künstlerischen Leitung des rauchfreien Arbeitsschutzkollektivs der Brüsseler Gesamtbetriebsrätinnen." Wer könnte noch glauben, Jura wäre eine trockene Angelegenheit?

Der kurze Exkurs in Gaststätten und Konzertsäle erweist am Rande sicher dies: Die hier thematisierten und beschriebenen bürokratiebedingten Verarmungen beschränken sich bei weitem nicht nur auf materielle Bereiche. Sie erfassen längst auch das gesellschaftliche und kulturelle Leben insgesamt. Denn das eine läßt sich von dem anderen praktisch nicht trennen. Wer wegen der exzessiven Belastung seines Einkommens mit Steuern und Sozialversicherungsabgaben immer weniger die Chance hat, sein eigenes, privates Leben persönlich und individuell zu gestalten, dem werden auch alle Chancen genommen, sich im gesellschaftlichen Miteinander dauerhafte Freundschaften, kulturellen Halt und geistig-seelische Sicherheiten zu verschaffen. Der steuerlich ausgenommene, rechtlich in allen Handlungsoptionen eingepferchte und inflationsbedingt auch noch an substantieller Rücklagenbildung gehinderte Mensch verarmt und verödet unausweichlich.

5. Abschnitt

Der 5. Akt unserer Ausbeutung: Todesbesteuerung als finaler Schlag

Wir haben nach allem bislang dies festgestellt: Von den Früchten unseres Fleißes bleiben nach allen staatlichen Abgaben allenfalls zwanzig Prozent in unserem eigenen Besitz. Der Anteil hieraus, den wir nicht sofort für den Konsum verbrauchen müssen und also sparen können, schmilzt mit der staatlichen Geldmengenvermehrung in seiner Kaufkraft dahin. Unsere Chancen, die verbleibenden Überschüsse durch kluge private Verträge fruchtbringend zu investieren, sind durch vielfältige gesetzliche Einschränkungen minimiert. Auf manchen Gebieten, insbesondere in denen, die von der Sozialverwaltung besetzt sind, ist uns völlig verboten, zivilrechtliche Regelungen zu treffen. Statt dessen entscheiden staatliche Megabehörden über alle Köpfe hinweg, was für „die Allgemeinheit" gut sei. Zugleich wird einem jeden Menschen in seinem eigenen, konkreten Leben wirtschaftlich mehr und mehr unmöglich gemacht, das Gute zu tun, was sichtbar vor seinen Füßen oder offen auf seinen Händen liegt.

Zuletzt schaffen es einzelne Menschen jedoch allen diesen Hindernissen zum Trotz immer noch, gewisse Ersparnisse und Rücklagen zu bilden, auf die sie nach einem langen Arbeitsleben zurückgreifen können. Und einige dieser Menschen haben zeit ihres Lebens sogar so geschickt oder glücklich gewirtschaftet, daß sie ihren Partnern, ihren Kindern oder sonstigen Nahestehenden gewisse Überschüsse hinterlassen können.

Schlägt aber einmal die Stunde des Todes, dann schlägt zugleich die Stunde der Erben. Denn wenn der Eigentümer eines Vermögens stirbt, dann muß geklärt werden, wem dieses Vermögen fortan gehören soll. Gesellschaften, die funktionieren sollen, brauchen hierfür entsprechende Regeln. Schließlich wäre es mindestens unpraktisch, wenn beispielsweise die Autos aller Toten immer einfach am Straßenrand stehen blieben, bis sich zuletzt ein Dieb ihrer erbarmte. Wem sollte die Stadtverwaltung die Parkgebühren berechnen, wem die Abschleppkosten und

– vor allem – wem den Verwaltungsaufwand? Den Übergang des Eigentums von einer auf eine andere Person hat der Staat allerdings seit langem auch als Anknüpfungspunkt für einen weiteren Steuertatbestand entdeckt. Der Tod wird besteuert. Das einschlägige Gesetz hierzu heißt Erbschaftssteuergesetz. Besteuert wird der Erbe. Denn der – so heißt es – bekomme schließlich etwas, ohne daß er etwas dafür getan habe.

Ich habe zwar nie verstanden, warum der Steuerstaat unter diesem Blickwinkel eher legitimiert sein könnte, von dem Eigentum des Toten „etwas" zu bekommen. Denn wenn der Erbe doch zum Erwerb dieses Eigentums „nichts" getan hat, so hat doch der Fiskus hierzu erst recht nichts beigetragen. Im Gegenteil. Er selbst, der Fiskus, hat während der gesamten Dauer der Nachlassentstehung nach allen steuergesetzlichen Kräften daran mitgewirkt, diesen so klein wie nur möglich zu halten (es sei denn, Ihr Zettel mit den guten und konkurrenzlos kostengünstigen staatlichen Leistungen für uns Bürger gäbe inzwischen etwas anderes her). Trotz alledem meinen die Verteidiger der geltenden Leichenbesteuerung, die Heranziehung des Erben zu Steuerzahlungen sei ethisch legitim. Mehr noch! Sie glauben, der deutsche Erbe müsse künftig noch weit mehr Erbschaftssteuer bezahlen als bislang. Verunmöglicht man Familien aber, ihre Ersparnisse und Besitztümer an ihre Nachfahren zu vererben, dann hat dies vielerlei ganz merkwürdige Konsequenzen. Stirbt beispielsweise der Vater und ist die Mutter nicht vermögend genug, das Haus ihres Mannes erneut – nun in der Gestalt von Erbschaftssteuer – zu erwerben, dann verliert sie schlicht ihre Wohnung. Selbst wenn dieser Mutter gelingt, über den Tod ihres Mannes hinaus im Familienheim wohnen zu bleiben, so verlieren am Ende spätestens die Kinder ihr Elternhaus. Es sei denn, sie kaufen es ein drittes mal.

Worin aber kann die moralische Begründung dafür liegen, daß Eltern und Kinder ein und dasselbe Haus ihrer Familie gleich dreimal hintereinander bezahlen müssen? Einmal an den Verkäufer und zweimal an den Staat? Und jedes mal – wohlgemerkt – aus bitter versteuertem Nettoverdienst. Wer eine solche Erbschaftssteuerpolitik für zwischenmenschlich vertretbar hält, der hat sich nicht nur weit von den überkommenen Werten unserer Gesellschaft und von traditionellen Gerechtigkeitsvorstellungen entfernt. Er zeigt auch, daß er praktisch kein Verständnis für weitergehende wirtschaftliche Zusammenhänge hat.

Wären nämlich die Eltern in unserem Beispiel nicht nur Eigentümer eines Hauses, sondern zugleich Eigentümer und Inhaber eines Betriebes mit Mitarbeitern gewesen, dann wird das ganze Fiasko der Todesbesteuerung offenbar: Findet sich für den Betrieb nach dem Tod der Arbeitgeber kein Käufer, dann muß die Firma zerschlagen werden. Dann aber verlieren alle Beschäftigten mit dem Tod ihres Chefs auch den eigenen Arbeitsplatz.

Vor einhundertfünfzig Jahren gab es Schriftsteller, die in derartigen Fällen glaubten, der Staat selbst müsse dann diesen Betrieb erben, übernehmen und weiterführen, damit seine Arbeiter sich und ihre Familien weiter von der dortigen Arbeit ernähren könnten. Inzwischen haben wir festgestellt, daß es niemals möglich sein wird, so viele beamtete Staatskommissare zu finden, die mit dem nötigen Elan, der erforderlichen Begeisterung und – vor allem – dem hinreichenden Sachverstand solche Betriebe weiterführen könnten.

Eine hundertprozentige Erbschaftssteuer ist also undenkbar. Wie aber könnte es eine fünfzigprozentige sein? Soll der Betrieb eines Unternehmers nach dessen Tod über Jahre und Jahrzehnte immer nur damit befasst sein, die Mittel für Erbschaftssteuern zu erwirtschaften? Und sollen während dieser Zeit keine neuen Maschinen gekauft, keine neuen Produkte entwickelt und kein weiterer Mitarbeiter eingestellt werden?

Wer Erbschaften besteuert, läuft immer Gefahr, sie zu zerschlagen. Das aber bedeutet nichts anderes, als den Baum zu fällen, von dessen Früchten alle leben. Nicht zuletzt sind es nämlich gerade die „Armen", deren Unterhalt die Sozialbehörden aus den

Steuereinnahmen profitabler Unternehmen und ihrer Mitarbeiter bestreiten. Folglich ist die immer neue und wiederholte Besteuerung versteuerter Vermögen zwischen den Generationen nicht nur eine äußerst unmoralische Angelegenheit. Sie ist darüber hinaus für die Gesamtheit einer Volkswirtschaft ökonomisch schädlich.

Wir hatten eingangs dieser Überlegungen die noch immer verbreitete Auffassung zitiert, daß Erben Steuern zu zahlen hätten, weil sie „etwas" ohne Gegenleistung erhalten. Und wir hatten zurückgefragt, was den Staat legitimieren könne, seinerseits ein „etwas" aus dem Nachlaß seiner Bürger zu erhalten. Denn schließlich hat auch er nichts dazu beigetragen, daß ein Bürger überhaupt stirbt und dadurch ein Nachlaß entsteht. In diesem argumentativen Zusammenhang wird von den Freunden der Todessteuer gerne angeführt, der Verstorbene habe die moralische Pflicht, der Gesellschaft über die Erbschaftssteuer etwas „zurückzugeben". Denn schließlich sei es ja diese Gesellschaft gewesen, die ihm erst ermöglicht habe, ein vererbbares Vermögen anzuhäufen.

Dieses populistische Argument erfreut sich einer gewissen Beliebtheit und bedarf daher der Widerlegung. Angenommen, ein Malermeister X hat vierzig Jahre Tag für Tag hart gearbeitet und ein Sparvermögen von insgesamt EUR 500.000,— auf die hohe Kante gelegt. Dann ist dieser Betrag, wie wir gesehen haben, bereits vielfach versteuert und staatlich in seiner Kaufkraft minimiert. Umsatz- und Einkommensteuern wurden von Meister X gezahlt und anschließende Zinsen erneut versteuert. Währenddessen schrumpfte die Kaufkraft durch staatliche Geldmengenvermehrung namens Inflation. Das, was zuletzt übrig bleibt, stellt also gleichsam das Destillat aus der gesamten Lebensarbeitskraft des Meisters X dar. Und es repräsentiert die Summe all dessen, was Meister X während seines Lebens verdient hat. Anders gesagt: Hätte er sich für seine Kunden nicht nützlich gemacht und ihnen gedient, wären sie kaum bereit gewesen, ihm Werklohn für seiner Arbeit zu zahlen.

Weil nun aber die Kunden des Meisters X ihrerseits Teil der Gesellschaft sind, würde ihnen auf dem Weg über Erbschaftssteuer und sozialstaatliche Umverteilung im Ergebnis wieder genau das Geld zukommen, das sie ihm zu Lebenszeiten gezielt als angemessene Gegenleistung für seine Arbeit bezahlt hatten. Nur mit dem Unterschied, daß ihnen das Ergebnis seiner Arbeitsleistung unterdessen schon zur Verfügung gestanden hatte. Das Argument, aus dem Nachlaß müsse der Gesellschaft etwas „zurückgeben" werden, erweist sich damit gleich in zweifacher Hinsicht als falsch. Zum einen hat Meister X nie etwas erhalten, was mit der gleichsam moralischen Last verbunden gewesen wäre, einstmals zurückerstattet werden zu müssen. Denn seine Vergütung war Lohn und kein Darlehen. Zum anderen würde es – eine Rückzahlung unterstellt – alle seine Vertragspartner aus der Gesellschaft einseitig, und also illegitim, bevorzugen. Denn „die Gesellschaft" behielte alles, Meister X und seine Familie nichts. Das Reden von einer Rückzahlungsschuld gegenüber der Gesellschaft ist also erkennbar ein Sackgassen-Argument. Mit derselben Berechtigung ließe sich beispielsweise auch fordern, daß „die Gesellschaft" einem Steuerzahler am Ende eines langen Arbeitslebens etwas von dem zurückgeben müsse, was sie zeit seines Lebens von ihm erhalten hatte, nämlich: Steuern. Denn die hätte sie ohne ihn ja auch nicht erhalten...

Da Menschen auch in anderen Ländern sterben, wurden und werden vergleichbare Debatten naturgemäß auch in diesen anderen Ländern geführt. Österreich hat diese Diskussion inzwischen beendet. Dort wurde die Erbschaftssteuer ganz abgeschafft. Das wird sich als sehr klug erweisen. Denn selbst wenn ein „unwürdiger" Erbe seinen ganzen unverdienten Reichtum sogleich binnen kürzester Zeit verschwenden und für sinnlosen Luxus verplempern sollte, dann hätte er doch auch dadurch etwas sehr Schönes vollbracht: Alle diejenigen, bei denen er einkaufte, wären durch seine Einkaufsexzesse reicher geworden.

6. Abschnitt

Das Ausbeutungsergebnis: Jede Generation ein neuer Sisyphos

Wenn jede Generation in einem Land immer wieder neu bei Null anfangen müßte, ihr Leben wirtschaftlich zu ordnen, dann fiele selbst eine fortschrittliche Industrienation zwangsläufig bald wieder auf den Status eines Naturvolkes zurück. Die permanente Um- und Neuverteilung aller Besitztümer von einem an den anderen hätte über kurz oder lang dieselben verheerenden Wirkungen wie ein Krieg, der alles in Trümmern schlägt. Denn das Recht schafft nicht einfach nur die geistige Verbindung zwischen Menschen und Sachen, die wir „Eigentum" nennen. Es bereitet gerade damit erst die Grundlage für verantwortungsvolles und geordnetes menschliches Kooperieren in Bezug auf diese Gegenstände. Wo diese Ordnung und Abgrenzung unterschiedlicher Verantwortungsbereiche durch staatliche Interventionen immer wieder gestört werden, da bleiben wertschöpfende – und also insbesondere auch Reichtum schaffende – Transaktionen aus. Im besten Falle werden sie nur behindert oder verzögert. Im schlechteren Falle kommen sie nie zustande. Die individuelle Beobachtung der gegebenen Zustände und die konkrete Prognose über anstehende Entwicklungen im Kleinen akut vor Ort kann durch keinen bürokratischen Planungsakt ersetzt werden.

Denken Sie nur an unser Beispiel vom Pulloverkauf mit dem dann anschließenden Konzertbesuch. Welcher Staat hätte je das Zusammenwirken von Bekleidungshaus, Pizza-Bude und Konzertsaal individuell und gesellschaftlich sinndienlich organisieren können, ohne Ihnen dezidierteste Vorgaben darüber zu machen, wie lange Sie in der Umkleidekabine bleiben durften, um genau wie viele verschiedene Pullover anzuprobieren! Ganz zu schweigen von den Regelungen, derer es bedurft hätte, um die Straßenbahnfahrpläne und Pizzapreise mit ihrem verfügbaren Taschengeld zu koordinieren.

Der Zusammenhalt einer Gesellschaft besteht dabei auch nicht nur aus dem Zusammenwirken aller gleichzeitig lebenden Menschen. Vielmehr knüpft jeder Mensch unausweichlich immer auch an das an, was ihm vorherige Generationen hinterlassen haben. Dies gilt sowohl in materieller als auch in geistig-kultureller Hinsicht. Wäre es anders, müsste jede Generation sich stets eine ganz neue Sprache mit allem Vokabular und aller Grammatik schaffen. Auch dies wäre gesellschaftlichem Fortschritt erkennbar hinderlich. Wenn jede Generation alle Felsen, die ihre Vorfahren bereits mühevoll den Berg hinaufgerollt haben, immer wieder am Fuße desselben Berges in Besitz nehmen muß, wird eine Gesellschaft niemals größere Territorien für ihr Leben besiedeln können.

Wer also eine Politik – insbesondere eine Sozial-politik – machen möchte, die auf Sicherheit und Nachhaltigkeit angelegt ist, der muß sämtliche staatliche Intervention in zwischenmenschliche Aktivitäten auf das absolut geringstmögliche Maß reduzieren. Zwangseingriffe in freiwillige Kooperationen unter Menschen sind prinzipiell illegitim, weil sie keinen der Beteiligten „reicher" machen können, als er es ohne diesen Eingriff wäre. Schließlich kann sich die Verantwortung für künftige Generationen nicht darauf beschränken, ihnen unberührte oder renaturierte Landschaften zu hinterlassen. Wenn es überhaupt einen „Anspruch" nachfolgender Generationen gegen heute lebende auf irgendetwas gibt, dann doch jedenfalls darauf, eine funktionsfähige Volkswirtschaft mit verläßlichen Rechtsregeln und einer klar respektierten Eigentumsordnung vorzufinden. Sollte der rechtskulturelle Unterschied zwischen Menschen und Hyänen nicht zumindest darin bestehen, daß Menschen das Eigentum anderer auch dann respektieren, wenn diese kleiner und schwächer sind, als sie selbst?

Damit sind nun einige zentrale Gesichtspunkte grob skizziert, wie eine Gesellschaft – bei nüchterner und vernünftiger Betrachtung – zum Wohle aller sinnvoll organisiert sein sollte, insbesondere auch zum Schutze der Armen und Schwachen. In der Realität unseres Landes finden wir die Dinge heute allerdings anders vor. Wir müssen uns also nun noch mit der Frage befassen, warum denn nur die Dinge tatsächlich anders sind.

3. Kapitel

Warum die Dinge sind,
wie sie sind
– Eine Analyse

Bevor wir uns der Frage widmen, warum die Dinge in unserem Land so sind wie sie sind, möchte ich mich erst noch einmal bei Ihnen bedanken. Es freut mich, daß Sie bis hierher gelesen haben. Sie sind sehr tapfer! Denn es macht im Grunde nicht viel Spaß, sich durch all diese unerfreulichen Aspekte unserer politischen und wirtschaftlichen Situation hindurchzuarbeiten. Dennoch trägt dieser Fleiß – wie so oft bei Anstrengungen – Früchte. Denn Sie wissen wahrscheinlich schon jetzt weitaus mehr über Abgabenrecht, Geldpolitik, zivilrechtlich organisierte Gesellschaften, Sozialversicherungen und Erbschaftssteuern als die meisten unserer verantwortlichen Politiker.

Anders jedenfalls wäre kaum zu erklären, warum wir als Bürger unter diesen nachgewiesenermaßen ausbeuterischen Verhältnissen leben müssen. Schließlich werden wir nicht von Marsmenschen regiert, sondern von ganz realen Menschen, die wir – mindestens theoretisch – treffen, begrüßen, anfassen und um Erklärungen bitten können. Ich habe allerdings noch nie einen Politiker getroffen, der mir hätte begründen können, warum ich per Saldo mindestens je 25 Tage eines jeden Monats für andere, mir völlig fremde Menschen fleißig sein muß.

Eine der möglichen plausiblen Erklärungen, die ich mir für diesen Umstand geben kann, ist: Unsere Politiker wissen genau, was passiert. Mit zuckersüßen Versprechungen von sozialer Sicherheit und Begriffen warmer Solidarität leiten sie glaubensbereite Massen gezielt in die Irre, um sich und ihren Freunden bestdotierte Stellungen in einer staatlichen Verwaltung zu sichern, unkündbar, fernab der bisweilen unsicheren und anstrengenden Realitäten des wirklichen Wirtschaftslebens und selbst stets satt durchalimentiert bis zum bitteren Ende.

Eine andere Erklärung ist: Unsere Politiker wissen es nicht. Sie können es nicht besser. Ihnen fehlen die nötigen Informationen, um gute und sinnvolle Politik für uns Bürger zu machen. Ihnen fehlt die Phantasie, sich auszumalen, daß die eine erwerbstätige Hälfte der Menschen in Deutschland die andere nichterwerbstätige Hälfte auch vor Verarmung schützen könnte, wenn nicht eine Abgabenlast von täglich mindestens zwei „Kyrills" über unserem Land tobt. Ihnen fehlt die Phantasie, sich vorzustellen, daß eine inflationäre Geldpolitik und eine wirtschaftlich destruktive Sozialpolitik am allerwenigsten den Armen nützt. Und ihnen fehlt die Phantasie zu erkennen, daß demotivierende Steuergesetze die Chancen der Armen, Schwachen, Kranken und Elenden auf Teilhabe an gesellschaftlichem Reichtum manifest reduzieren.

Mir will scheinen, als sei unser politisches Personal in der Bundesrepublik Deutschland nicht immer von einer derartigen Phantasielosigkeit geprägt gewesen. In Anbetracht der heutigen politischen Protagonisten und ihrer intellektuellen oder kulturellen Kapazitäten fällt schwer, sich daran zu erinnern, daß es einmal Politiker in unserem Bundestag gab, die etwa Gedichte Charles Baudelaires literarisch einwandfrei aus dem Französischen in das Deutsche übertragen konnten[98]. Wer würde demgegenüber heute noch beispielsweise der Abgeordneten Claudia Roth zutrauen, auch nur Charles Bukowski ins Deutsche zu übersetzen?

Doch abgesehen von der verbreiteten Inkompetenz einzelner Politiker ist heute ein geradezu tragisches, weil destruktives Zusammenspiel zwischen unseren an Politik beteiligten gesellschaftlichen

Gruppen erkennbar. Sie erinnern sich: Ich hatte eingangs gesagt, daß fair ist, nicht „die Politiker" für unsere Lage verantwortlich zu machen, sondern statt dessen lieber zu betrachten, was „unsere Politik" insgesamt als fehlerhaft kennzeichnet. Folgende Aspekte scheinen mir bedeutsam.

1. Abschnitt

Ein starker Staat
braucht
schwache Bürger

Vielleicht sind es tatsächlich der Mangel an eigener Übersicht und das Fehlen von Selbstbewusstsein, die unsere Politiker dazu bringen, trotz demokratischer Rahmenbedingungen gegenüber ihren Wählern nicht auf einer Augenhöhe als Gleiche unter Gleichen aufzutreten, sondern möglichst geschwächte Untertanen regieren zu wollen. Wie wir im Zusammenhang mit der Darstellung des deutschen Rentensystems und seiner Umlagefinanzierung gesehen haben: Wenn Bürger stark und handlungsmächtig sind, dann schwächt dies die Spielräume für politische Aktivitäten erheblich. Voller Bauch pariert nicht gern. Will ein Staat also stark sein, braucht er möglichst schwache Bürger. Roland Baader hat in diesem Zusammenhang daran erinnert, wie Jean-Jacques Rousseau sich eine ideale Verfassung für Korsika vorstellte. Der Staat sollte demnach möglichst stark und reich, der Bürger aber klein und schwach sein, damit die Regierung das Volk mit sehr wenig Gewalt und „sozusagen mit dem kleinen Finger lenken" könne: „Freiheit hieß für Rousseau also nicht Unabhängigkeit des Individuums und Schutz vor hoheitlicher Gewalt, sondern die totale Unterwerfung unter den Staat"[99].

Was aber bewegt (erwachsene) Menschen, sich einem derartigen Macht- und Herrschaftsanspruch anderer zu unterwerfen? Warum sind Menschen bereit, sich selbst in eine – ohne weiteres vermeidbar – schwache Position zu begeben? Zieht denn nicht auch sonst im alltäglichen Gespräch jeder den Reichtum der Armut vor? Es hat den Anschein, als lägen die Dinge komplizierter. Insbesondere wird man zwei Mechanismen der Entstehung einer solchen Herrschaftsstruktur unterscheiden können.

2. ABSCHNITT

HERRSCHER UND BEHERRSCHTE IN DER BEQUEMLICHKEITSFALLE

Zuerst greift eine Art Komplementärmechanismus: In dem gleichen Maße, in dem Politik ihren Unterworfenen Sicherheit, Schutz und Gerechtigkeit verspricht, sind Menschen bereit, an dieses Versprechen zu glauben. Sie sehen sich entlastet. Andere regeln das. Und das ist bequem. Delegiert der Bürger aber seine Belange erst einmal an Politik und Politiker, dann halten sich diese auch erst recht für befugt, in sein Leben massiv planend und regelnd einzugreifen. Denn würden sie es nicht tun, könnten sie seinen Auftrag nicht erfüllen. Spätestens damit greift der zweite Mechanismus: Die beiden Komplementärrollen erkennen einander und verstärken sich gegenseitig. „Die machen das schon", sagt der eine.

Und: „Das ist schließlich meine Aufgabe", sagt der andere. Und je mehr Staatsbedienstete den Job machen, desto bequemer – scheinbar – für alle.

Was zunächst noch in mancherlei Beziehung funktionieren mag, schlägt allerdings an einem bestimmten Punkt plötzlich in sein Gegenteil um. Der Psychologe Paul Watzlawick nennt dieses Phänomen das „Schlechte im Guten". Er schreibt: „Was erscheint logischer, als von einer einmal gefundenen und seither vielfach bewährten Lösung anzunehmen, daß sie sich – entsprechend multipliziert – auf immer größere Problemkreise anwenden ließe? Hundertmal soviel ist aber nur in der reinen Mathematik hundertmal soviel. ... Alle Tage Kuchen erzeugt Kuchenüberdruß"[100].

Mit anderen Worten: An irgendeinem Punkt kippt das Ganze. Nun mehrt sich nicht mehr der Gewinn aus der Machtdelegation. Sondern das Projekt wendet sich zum Schaden mindestens der Beherrschten. Den genauen Punkt zu erkennen und – insbesondere – überhaupt zu wissen, daß Gutes nicht einfach immer nur besser wird, je mehr man nur davon einsetzt, ist ein schwieriges Geschäft. Besonders für Politiker, die nicht einmal Charles Bukowski übersetzen können.

Mit dem Vermehren staatlicher Verwaltung, der Ausweitung von Gesetzen und der Schaffung immer neuer Behörden wird also zuletzt den Bürgern nicht mehr gedient, sondern geschadet. Das Beispiel von „Zoll stoppt Schwarzarbeit" hatten wir bereits erörtert. Es steht aber bei weitem nicht allein. Insgesamt ist für unser Land inzwischen das erschreckende Ergebnis festzuhalten: Der Hauptzweck allen Produzierens, Wirtschaftens und Handelns ist schon nur noch die bürokratische Umverteilung. Und das kommt so:

Das Phänomen „Staat" hat sich in den letzten rund 150 Jahren praktisch Verzehnfacht. Der Anteil der westeuropäischen Regierungsangestellten an der arbeitenden Gesamtbevölkerung stieg von 2% auf bis zu 20%[101]. Einen solchen Luxus kann sich naturgemäß nur eine Volkswirtschaft leisten, die ganz extreme Produktivitätssteigerungen ins Werk setzt. Mit anderen Worten: Die produktiv Tätigen müssen sich schwer anstrengen und jede Ineffektivität meiden, um ihren Beamtenapparat alimentieren zu können. So jedenfalls ist es über die Zeit in unseren Büros für alle, die nicht als überflüssig erachtet und entlassen wurden, immer hektischer geworden.

Zugleich hatten die Statistiker eine sehr unerfreuliche Aufgabe zu bewältigen. Weil nämlich Beamte keine Steuern bezahlen, stellten sie fest, daß es in Deutschland real gar kein Wachstum mehr gab. Dies war nun allerdings sehr peinlich. Und es sollte daher tunlichst auch nicht „an die große Glocke gehängt" werden.

„Warum bezahlen denn Beamte keine Steuern?", höre ich Sie fragen. „Das ist doch Quatsch!" Nein, leider ist das kein Quatsch. In der Tat bezahlen Beamte keine Steuern. Und das kommt so: Produktiv tätige Nicht-Beamte zahlen Steuern in den großen staatlichen Steuertopf ein, Beamte nehmen ihr Geld zum Lebensunterhalt aus diesem staatlichen Topf heraus. „Aber sie bezahlen doch von ihrem Gehalt auch Lohn- und Einkommensteuer?" Nein. Es scheint nur so.

Nehmen Sie beispielsweise einen ganz wichtigen Beamten, der für das Volk von ganz herausgehobener Bedeutung ist. Etwa einen Mitarbeiter der Denkmalschutzbehörde. Nehmen Sie weiter an, es würde beschlossen, diesem Mann endlich das an Bezahlung zukommen zu lassen, was ihm wahrhaft gebührt. Jeden Monat 1 Million Euro. Nehmen Sie dann an, dieser sehr reiche Beamte würde angesichts seiner starken Schultern für soziale Zwecke ganz besonders zu Steuerzahlungen herangezogen. Er kann es sich ja leisten! Sagen wir, er müßte in seiner Lage jeden Monat 998.000 Euro Einkommensteuer bezahlen. Dann stünde er per Saldo doch genau wie ein Kollege aus dem Gesundheitsamt, der 4.000 Euro brutto und 2.000 Euro netto verdient, oder? Und wie ein fiktiver dritter Beamter aus dem Statistischen Bundesamt, der – steuerfrei! – gleich 2.000 Euro verdient.

Also: Beamte zahlen keine Steuern. Das, was sie scheinbar wieder an den Fiskus zurückzahlen, ist mit dem identisch, was sie von vornherein gar nicht aus dem Steuertopf herausgenommen hätten. Beamte stehen auf der Passivseite der Sozialproduktbilanz. Sie machen eine Volkswirtschaft nicht reicher, sondern immer nur ärmer. Sie sind bilanztechnisch nichts anderes Kosten. Und genau das ist – wie gesagt – peinlich für die staatliche Statistik.

Deswegen, schreibt Gabor Steingart, haben sich die Statistiker einen Trick ausgedacht: „Die Staatsbediensteten tauchen in den staatlichen Budgets nur als Ausgaben auf. ... Die Statistiker haben sich der Einfachheit halber entschlossen, die Kosten, also den Lohn, das Papier, die Heizungsausgaben und den Computer, als Marktpreis zu betrachten. Dank dieser Verrechnungspreise, wie sie die DDR nicht besser hätte erfinden können, sind die Staatsbediensteten zu echten Schätzen der Wachstumsbilanz geworden. Jeder zusätzliche Mann ein Gewinn, jede neue Staatsaktivität ein Aktivposten. ... Was im wahren Leben der Nation ein Nachteil ... ist, wird in unserer Art, das Wachstum zu messen, ein Vorteil: Denn Kosten bedeuten Wertzuwachs. ... Es klingt verrückt, aber so ist das nun mal: Die rapide steigende Staatsverschuldung wird als Fortschritt dargestellt"[102].

Mit diesem Bilanztrick, der jeden amerikanischen Enron-Manager wahrscheinlich noch nach seiner

Inhaftierung in mehrjährige verschärfte Einzelhaft gebracht hätte, kaschiert das offizielle, amtliche Zahlenwerk uns eine weitere böse Erkenntnis. Mit diesen Beamten nämlich, die Florian Felix Weyh in wunderhübscher Terminologie elegant als „Transfergeldempfänger der zweiten Ebene" bezeichnet, passiert insgesamt dies: „Nach Angaben des Statistischen Bundesamtes leben in Deutschland 41,5 Prozent aller Haushalte von öffentlichen Unterstützungsleistungen. Darin sind ausschließlich Rentner, Pensionäre, Sozialhilfe- und Hartz-IV-Empfänger enthalten und keineswegs die Transfergeldempfänger der zweiten Ebene wie Beamte, Angestellte des öffentlichen Dienstes oder Arbeitnehmer, die ihren privatwirtschaftlichen Job staatlichen Subventionen verdanken. Rechnet man sie hinzu, kommt man ohne weiteres auf eine satte Mehrheit von Umverteilungsnutznießern"[103].

Diese Entwicklung hat uns Westeuropäer übrigens keinesfalls überraschend getroffen. Northcote Parkinson sah sie bereits 1971 glasklar voraus und spottete: „Wie lange wird es dauern, bis die halbe arbeitende Bevölkerung in der öffentlichen Verwaltung aufgegangen ist? Fragen können wir weiter, bis zu welchem Zeitpunkt es wohl der ganzen Bevölkerung so ergangen ist. ... In offiziellen Kreisen gilt es als völlig natürlich und praktikabel, daß Leute ihren Lebensunterhalt mit dem Lesen ihrer gegenseitigen Memoranden verdienen."[104]

Allerdings gilt für Memoranden leider dasselbe, was wir hier oben schon für Geld festgestellt hatten: Man kann auch sie nicht essen. Folglich wird es für das Überleben einer Gesellschaft irgendwann eng, wenn immer weniger Menschen arbeiten und immer mehr Menschen mitessen wollen. Nicht nur für steinzeitliche Urhorden gilt, daß es auf lange Sicht prinzipiell ein ausgeglichenes Verhältnis zwischen Beerensammlern und Beerenessern geben sollte. Sonst wird es auf Dauer unbequem. Vor allem dann, wenn man sich volkswirtschaftlich auf den Weg gemacht hat, nicht nur im Bereich des Gesundheitswesens – wie dargestellt – wieder „sachleistungsprinzipiell" nach den Regeln eines Naturalien tauschenden Volkes zu leben, sondern dieses scheinbar geldfreie Paradies auch in allen anderen Zweigen der Sozialversicherung bürokratisch umsetzen zu wollen. Jeder nach seinen Fähigkeiten, jedem nach seinen Bedürfnissen?

3. Abschnitt

Die Bereitschaft,
sich fremdbestimmt
organisieren zu lassen

Woher mag nun unsere bislang schier grenzenlose Bereitschaft herrühren, uns mit derart unfaßbarem Kostenaufwand eine im Verhältnis gesehen äußerst bescheidene politische Gegenleistungen gefallen zu lassen?

Ein wesentlicher Grund dürfte wohl darin liegen, daß ein großer Teil unserer Bevölkerung den Ernst der Lage noch gar nicht erfasst hat. In das sprachliche Alltagsbewusstsein ist zwar gerückt, daß unsere Renten nicht mehr „sicher" sind. Wir spüren es aber noch nicht, weil die Zeit für die Krise noch nicht gekommen ist. Noch retten sich unsere Sozialsysteme von einem Monat zum anderen. Noch greifen

„Tricks", wie zum Beispiel der einer Verschiebung von Rentenauszahlungszeitpunkten. Oder wie der einer Reduzierung der rentenversicherungsrechtlichen Schwankungsreserven. Oder der einer zweiwöchigen Vorverlagerung des Zeitpunktes für die Abführung von Sozialversicherungsbeiträgen. Wie der der Heraufsetzung von steuerlichen Abschreibungsfristen. Wie der einer Reduzierung des Preises für geringwertige Wirtschaftsgüter. Wie der einer allfälligen Heraufsetzung steuerlicher Sätze und Größen. Um nur einige wenige zu nennen.

Die wohl beste Arbeit im Regierungslager haben lange Zeit diejenigen gemacht, die diese Politik nach außen terminologisch „verkaufen". War es beispielsweise nicht eine werbestrategische Großtat, als der frühere Finanzminister Hans Eichel sich als „Sparkommissar" darstellen ließ und von einem Bundeshaushalt redete, der – so wörtlich – „auf Kante genäht" daherkomme, während er gleichzeitig neue Kredite zur Bedienung laufender Verbindlichkeiten aufnehmen musste? In anderen Zusammenhängen hätte man einzuräumen gehabt, daß dort nichts auf der Kante ruht, sondern daß alles bereits am Abgrund steht. Und weiter rutscht.

Der durchschnittliche homo bundesrepublicanus kann sich offenbar nach einer jahrzehntelangen Sozialisation in den milden wirtschaftlichen Gefilden des „Wirtschaftswunders" und seiner Folgezeit gar nicht mehr vorstellen, daß irgendetwas in unserem Staate faul sein könnte. Denn an der Oberfläche scheint es ja immer noch weithin friedlich. Nicht zuletzt deswegen finden solche Menschen noch immer Gehör, die behaupten, es werde bloß „auf hohem Niveau gejammert“. Sonst gehe alles sicher auf Dauer seinen geregelten Gang.

Übersehen wird dabei, daß große Teile der Bevölkerung nur noch deshalb überhaupt mit einem Auto fahren können, weil dieses – zu konkurrenzlos günstigen Arbeitslöhnen – in Fernost gefertigt wurde. Und weil es seit zehn Jahren funktioniert. Muß uns aber nicht stutzig machen, daß der Transport vieler Waren rund um die halbe Weltkugel mitsamt ihrer Herstellung in der Ferne insgesamt billiger ist, als deren Produktion im Nachbarort?

Wer sich Nordseekrabben schon lange nicht mehr leisten kann, der ißt immer noch chinesische Flußkrebse, die er mit seinem koreanischen Auto bei einem Discounter vor den Toren seiner Stadt erwirbt. Und seine einzige Sorge dabei ist, ob die Tierchen nicht von profitgierigen Chinesen in hygienisch fragwürdigen Monokulturen zu sehr mit Antibiotika gefüttert worden sein könnten. Daß aber eine verbrauchernahe und ökokorrekte Lebensmittelerzeugung durch die hier beschriebenen staatlichen Ausbeutungsmechanismen verhindert worden sein könnte, kommt dem gutherzigen deutschen Staatsbürger nicht in den Sinn. Derartige Systeme halten in der Regel so lange, wie es gelingt, den Anschein ihrer Funktionsfähigkeit durch extern fütternde Einspeisung aufrecht zu erhalten. Bildhaft gesprochen: Wenn ein Körper nicht mehr in der Lage ist, sich selbst zu ernähren, weil bestimmte Organe unheilbar erkrankt sind, dann läßt sich der Patient gleichwohl noch so lange retten, wie seine künstliche Ernährung gelingt. Nichts anderes gilt für Staaten.

Fareed Zakaria schreibt: „Reichtum an Bodenschätzen bremst sowohl den politischen als auch den wirtschaftlichen Fortschritt. ... Je großzügiger ein Land mit mineralischen, agrarischen oder fossilen Ressourcen bestückt ist, desto langsamer wächst im Schnitt seine Wirtschaft. ... Ein paar Ausnahmen gibt es ... Dennoch verblüfft die Zuverlässigkeit der Faustregel. ... Regime, die von Bodenschätzen zehren, haben es zu leicht, sind bloße Treuhänder des Staatsvermögens. Sie schlagen aus Erz- oder Ölreichtum Kapital, ohne sich der weit anspruchsvolleren Aufgabe stellen zu müssen, einen rechtlichen und institutionelle Rahmen zu schaffen, in dem die Konjunktur brummt. ... Sitzt der Fiskus zu nah an der Geldquelle ..., bleibt das Gemeinwesen politisch rückständig.“[105] Er resümiert: „Leicht verdientes Geld bremst den wirtschaftlichen und politischen Fortschritt“[106].

Warum sollten diese nachvollziehbaren Zusammenhänge statt für Ölstaaten nicht auch für unser deutsches Gemeinwesen gelten? Hat es unser Staat nicht mit dem Geldeintreiben auch sehr leicht? Geben wir ihm nicht – wie dargestellt – seit Jahrzehnten bereitwillig immer mehr und mehr von unseren Fleißleistungen zu seiner Verteilung? Nehmen wir nicht bemerkenswert klaglos hin, daß immer mehr Steuern und immer höhere Steuersätze den verbleibenden Teil unseres Lohnes minimieren? Sind wir nicht seit Jahrzehnten monoton und durchgängig bereit, immer mehr und immer länger für immer weniger Geld zu arbeiten? Treiben wir uns nicht durch immer neue Techniken zu immer größeren Höchstleistungen der Effizienz und Effektivität? Welchen Anreiz sollten der Staat und seine politischen Repräsentanten also haben, über intelligentere und fortschrittstauglichere, über dauerhaft funktionsfähige und menschenfreundlichere Alternativmodelle nachzudenken? Wo Gewerkschaften ihre Mitglieder immer nur zu Streiks für mehr Lohn aufrufen, statt zu Streiks gegen absurd hohe Abgabenlasten, da kann sich ein Fiskus gemütlich einrichten.

Um die hier wirkenden Mechanismen zu verstehen, brauchen wir im Grunde nicht einmal den weltpolitischen Umweg über die Systeme reicher Ölstaaten zu gehen. Wer je – und sei es nur in einer klischeekonformen, öffentlich-rechtlichen Fernsehproduktion – den archetypisch nichtsnutzigen Sproß aus einer grenzenlos begüterten Familie erlebt hat, der

weiß: Wer von „Beruf Sohn" ist, der hat keinen Anreiz, sich selber im Leben eine Aufgabe zu suchen.
Der existiert nur.

André F. Lichtschlag hatte im Herbst 2006 zur
„Alimentierung des Nichts" bereits darauf hingewiesen, daß dieses Schicksal des Milliardärs-Enkels sich
strukturell von dem eines deutschen Sozialhilfeemp-
fängers in nichts unterscheidet: „Gemeinsam ist beiden auch, ob von Beruf Sohn oder Kind des Sozial-
staats, daß sie nicht wirklich arbeiten. Und daran
gewöhnen sie sich sehr schnell – und verlernen, eigenverantwortlich zu leben."[107]

Es ist absehbar, daß diese vordergründige Behaglichkeit, diese Freude am Funktionieren unserer
Volkswirtschaft, recht lautstark kollabieren muß,
wenn die Spannungen im Gebälk der Umverteilung
den kritischen Punkt erreichen. Wenn der Volkswirt-
schaftsmotor gar zu lange ununterbrochen im roten
Bereich gelaufen ist, bleibt er irgendwann stehen. Von
jetzt auf gleich. Erst recht dann, wenn zugleich die
Handbremsen der Abgabenlast voll angezogen waren. Plötzlich geht nichts mehr. Wie bei einem kleinen japanischen Auto. Oder bei einem deutschen. Vor
dem Kolbenfresser sind alle gleich.

Wer aber könnte für diesen Fall dann noch ernstlich annehmen, daß unsere freundliche deutsche
Nachkriegsvertrautheit mit den Autoritäten des „Va-
ters Staat" dann in jedem Falle unenttäuscht bleibt?

Wie oft habe ich Menschen in Diskussionen sagen hören: „Das können die doch nicht machen". Oder: „Das wäre ja Unsinn, wer sollte denn auf so eine Idee kommen?". Glauben Sie – nach allem, was wir bislang erörtert haben – es hat auch nur einen einzigen Deutschen im Jahre 1955 gegeben, der eine individuelle Abgabenquote von 75% je für möglich gehalten hätte? Glauben Sie, es hat 1951 auch nur einen einzigen Mann auf Berliner Straßen gegeben, der angenommen hätte, daß nur zehn Jahre später dort eine innerdeutsche Mauer entstehen könnte? Hätten Sie selber vor 20 Jahren geglaubt, es könnte jemals in Deutschland wieder mehr als 5 Millionen Arbeitslose geben? Hätten Sie persönlich zu Weihnachten 2007 gedacht, daß der deutsche Verfassungsschutz bis Ostern 2008 zugeben würde, zu Steuerfahndungszwecken von einem Hehler gestohlene Daten gekauft zu haben? Für Millionenbeträge aus Steuermitteln?

Ein starker Staat braucht schwache Bürger. Und die Bereitschaft, sich sein eigenes Leben fremdbestimmt von einem solchen Staat organisieren zu lassen, mag lange Zeit zu bequemen Ergebnissen führen. Sie ist jedoch ein durchaus riskantes Unterfangen. Die Übung, unseren Politikern faktisch grenzenlos die Budgetverantwortung zu überlassen, hat uns die unfassbarsten Steuerlasten, die unbegreiflichen Staatsschulden und eine in der bekannten Menschheitsgeschichte bislang nur selten übertroffene Inflationsentwicklung beschert. Wenn dann schließlich die „Sehnsucht nach einer verlogenen Welt“, die Günter Ederer unserer Gesellschaft attestiert, mit den unausweichlichen Realitäten zusammenprallt und wenn der von Kai Diekmann diagnostizierte „große Selbstbetrug“ unseres Landes auffliegt, dann werden wir schmerzhaft spüren, daß wir kaum mehr etwas anderes sind, als „dressierte Bürger“[108], an denen in erster Linie ihre Fähigkeit interessiert, Abgaben an ihren Staat zu leisten. Unsere eigenen Lebensentwürfe, unsere individuellen Gestaltungswünsche und, wie Wolfram Weimer klarstellt, zuletzt unser ganzes Privatleben werden verloren gehen[109]. Man wird wohl nicht fehlgehen in der Vermutung, daß auch unfähige und phantasielose Politiker spätestens dann zu hoher Kreativität (zurück) finden, wenn es darum geht, eine ihnen dienliche, aber leider kollabierende Struktur zum eigenen Vorteil noch über die Zeit zu retten. Schließlich sind wir alle – wie gezeigt – individuelle Nutzenoptimierer. Wenn also das eigene Profitstreben der herrschenden Verwalter dereinst mit den Bequemlichkeitsinteressen der Bürger in direkten Widerstreit tritt, dann sieht es prinzipiell schlecht aus für die Aufrechterhaltung der allgemeinen Behaglichkeit. Spätestens dann gilt es, phantasievoll neue, gedeihliche Strukturen zu erdenken. Wie können wir uns auf diesen Augenblick vorbereiten?

4. KAPITEL

AUSBLICKE IN EINE MENSCHENFREUNDLICHERE ZUKUNFT

Der vielleicht wesentlichste Schritt aus der steuer- und abgabenstaatlichen Ausbeutung ist es, die ungeheuer weit verbreiteten wirtschaftlichen Ängste der Menschen zu bewältigen. Politik ist nämlich in weiten Teilen nichts anderes, als ein Geschäft mit der Angst. Während unsere Politik vorgibt, für soziale Sicherheit zu sorgen, erhoffen ihre „Abnehmer", sich angst- und sorgenfrei einem angenehmen Leben zuwenden zu können. Indes schafft gerade der Hochsteuerstaat immer neue Formen der Unsicherheit, indem er Menschen in wirtschaftliche Schwierigkeiten bringt.

1. ABSCHNITT

ANGST UND POLITIK
– EIN DUO INFERNALE

Dieses sehr spezielle Verhältnis von Angst und Politik verdient, kurz näher betrachtet zu werden: Worauf zielt Politik in ihrem Kern? Sie zielt auf die Durchsetzung gewisser Maßnahmen gegen – oder ohne – den Willen der Betroffenen. In diesem Punkt ist sie deckungsgleich mit dem juristischen Phänomen des öffentlichen Rechtes. Während zivilrechtliche Pflichten im Grundsatz die eigene willentliche Verpflichtung einer Person voraussetzen, bestimmte Handlungen auszuführen oder zu unterlassen, ordnet das öffentliche Recht diese Handlungspflicht ohne vorheriges Einverständnis des Betroffenen an. Einen Kaufpreis muß ich bezahlen, weil ich vorher freiwillig einen Kaufvertrag abgeschlossen hatte. Steuern muß ich bezahlen, ohne daß ich nach meiner Bereitschaft dazu gefragt werde. Wäre die Landstraße das

Eigentum meines Freundes, könnten wir einen Vertrag darüber abschließen, wie schnell ich dort fahren darf. Da sie aber eine „öffentliche" Straße ist, muß ich mich an das – unverhandelbare – öffentlich-rechtliche Geschwindigkeitslimit halten.

Bisweilen fragen wir uns, warum sich Menschen an bestimmte fremde Anordnungen halten – insbesondere, wenn sie uns dumm, unangemessen oder unpraktikabel erscheinen. In einem Restaurant beispielsweise, das seinem Wirt gehört und in dem sich ausschließlich geschäftsfähige erwachsene Raucher aufhalten, wird nicht (mehr) geraucht, weil ein Gesetzgeber dies befohlen hat. Auf meinem Grundstück errichte ich einen bestimmten Zaun nicht, weil ein Gesetz dies verbietet. In einer Stellenanzeige suche ich nicht spezifiziert genau den Mitarbeiter, den ich benötige, sondern einen, den ein Gesetz gegen irgendwelche Diskriminierungen mir vorgibt zu suchen.

Woraus resultiert in diesen Fällen der Wille, solchen schlechten Gesetzen zu gehorchen? Wenn wir innerlich nicht davon überzeugt sind, daß eine gewisse Regel sinnvoll und richtig ist, dann folgen wir ihr, weil wir Angst vor nachteiligen Sanktionen haben. Aus genau diesem Grunde enden unsere heutigen Gesetze auch allesamt immer häufiger mit umfangreichen Katalogen darüber, welche Gesetzesverstöße straf- oder bußgeldbewehrt sind. Der Gesetzgeber übt Druck gegen die Bürger aus.

Folglich macht sich das Gesetz die Angst der Normadressaten gleich zweifach zunutze. Zum einen wird eine „soziale Sicherheit" versprochen, mit der allgemeine Lebensängste – vermeintlich – besiegt werden können. Zum anderen wird die Angst vor Sanktionen instrumentalisiert, wenn der einzelne der gesetzgeberischen Sicherheitsstrategie nicht folgen wollte. Henryk M. Broder schreibt: „Woher kommt die Entschlossenheit, Tatsachen zu leugnen oder sie so zurechtzubiegen, daß sie den Blick auf die Wirklichkeit versperren? Aus Angst. Angst mag ein schlechter Ratgeber sein, aber als Mittel der Massenerziehung gibt es nichts besseres."[110]

Während Menschen in der Vergangenheit meist Angst vor göttlichem Zorn, vor wilden Tieren oder vor sonstigen allgemeinen Naturgewalten hatten, haben sich diese Ängste im Laufe der Geschichte – besonders natürlich durch den gewaltigen technischen Fortschritt der letzten zweihundert Jahre – wesentlich geändert.

Über Empedokles (484 – 424 v. Chr.) lesen wir beispielsweise noch: „Als die Jahrswinde einmal derart heftig wehten, daß die Feldfrüchte litten, ließ er Esel schlachten und Schläuche anfertigen, die er an den Hügeln und Höhen hin ausspannen ließ, um den Wind aufzufangen. Nach eingetretener Wirkung erhielt er den Namen Kolysanemas (Windbändiger)"[111]. Und Epikuros (342 – 271 v. Chr.) erklärte,

Eis bilde sich „einerseits durch Auspressung aller rund geformten Elemente aus dem Wasser und dem engen Zusammenschluß aller eckigen und spitzwinkligen Körperchen, die sich im Wasser finden"[112].

Unter solchen Lebensbedingungen und Weltvorstellungen ließen sich schon einfache meteorologische Ängste gezielt gesellschaftspolitisch instrumentalisieren: „Und alles Volk saß auf dem Platz vor dem Haus Gottes, zitternd wegen ... des strömenden Regens. Und Esra, der Priester, stand auf und sprach zu ihnen: Ihr habt dem Herrn die Treue gebrochen, als ihr euch fremde Frauen genommen ... habt. ... Tut seinen Willen und scheidet euch ... von den fremden Frauen"[113].

Nicht nur mit der Technik des Blitzableiters haben derartige Kausalitäten an Bedeutung verloren. Die wohlstandsfördernde Arbeitsteilung unter den Menschen tat ihr übriges, um die klassischen Ängste vor solchen elementaren Unannehmlichkeiten oder Gefahren erstmals nachhaltiger zu minimieren. Unsere Häuser wurden sicherer, wärmer und trockener. Sturmbedingte Mißernten an einem Ort konnten durch herbeitransportierte Früchte aus anderen Regionen ausgeglichen werden. Zuvor jedoch waren noch mancherlei Entwicklungen und Zwischenschritte nötig. Mit der Arbeitsteilung ergaben sich nämlich zunächst auch neue Ängste. Die alte Dorfgemeinschaft, die bis in die Mitte des 19. Jahrhunderts noch gewissen Halt und Sicherheit gegeben hatte, fiel zunächst fort. Ludwig von Mises beschrieb es so: „Noch in der ersten Hälfte des 19. Jahrhunderts lebte der Großteil der europäischen Landbevölkerung im allgemeinen in wirtschaftlicher Selbstgenügsamkeit. Der Bauer verbrauchte an Lebensmitteln nur das, was er selbst erzeugt hatte; er trug Kleider aus Wolle oder Leinen, für die er selbst den Rohstoff erzeugt hatte ... Wohn- und Wirtschaftsgebäude hatte er, allenfalls mit Hilfe der Nachbarn ... erbaut"[114].

Auch diese ländliche Natur der „Selbstgenügsamkeit" war allerdings alles andere als ein paradiesisches Idyll. Während nämlich Schulbücher üblicherweise nur von dem frühkapitalistischen Elend berichten, das Kinderarbeit im Manchester jener Zeit bedeutete, verschweigen sie doch umgekehrt auch stets dies: In jenem ländlichen Milieu ging es den legendären Kinderarbeitern mitnichten besser. Im Gegenteil. Die Flucht ihrer Eltern in die Städte hatte einen Grund. Und der hieß: Not. Roland Baader stellt insoweit klar: „Es ist kaum vorstellbar, in welches Chaos aus Hunger und Elend das alte Europa gestürzt wäre, wenn die Industrielle Revolution nicht – gewissermaßen in allerletzter historischer Minute – stattgefunden hätte. ... Niemand hat die viel traurigere Geschichte der Kinderarbeit vor der Industriellen Revolution (und während derselben, aber außerhalb der Fabriken) geschrieben: Die Geschichte über die schwere Schinderei der Heranwachsenden auf den Äckern"[115] . Kurz: Nachdem das Landleben unerträglich geworden war, strömten die Menschen aus der „Natur" in die Städte. In deren Anonymität fanden sie jedoch nicht nur die Chance auf ernährende Arbeit. Sie fanden auch neue Probleme und – insbesondere – neue Ängste. Das Angstbewusstsein erfuhr also eine Verschiebung. An die Stelle der Angst vor Naturgewalten und wilden Tieren traten jetzt – grob gesprochen – wesentlich die Angst vor Arbeitslosigkeit und Altersarmut[116] .

Es kann also – aus heutiger Sicht rückblickend betrachtet – kaum erstaunen, daß Politik jenen Wandel des menschlichen Angstbewußtseins zur Fortschreibung des eigenen Machtanspruches selbst nachzuvollziehen hatte. Wo man nämlich nicht mehr mit einem Zorn Gottes argumentieren kann, der sich beispielsweise in schlechten Ernten zeige, da müssen andere Steuerungsmechanismen ersonnen werden.

Was lag in dieser Situation näher, als die althergebrachte Angst vor Krankheit mit der neuen Angst vor Arbeitslosigkeit und Altersarmut zu verbinden und ein staatliches Netz für die „soziale Sicherheit" zu knüpfen? Wem es gelingt, Ängste zu erkennen oder zu definieren, der kann mit dem Versprechen, sie zu beherrschen, leichthin auch Macht über seine ängstlichen Untertanen ausüben. Die Menschen folgen ihm dann so freiwillig und so gerne, daß er nicht einmal mehr aufwendig Zwang gegen sie ausüben muß. Schwierig wird die Lage erst dann wieder, wenn der allgemein akzeptierte Angstmanager mit seinen politischen Lösungsstrategien an die eigenen Grenzen stößt. Anders gesagt: In dem Moment, in dem der politische und juristische Zwang, an öffentlichen Angstbewältigungssystemen – wie dem eines gesetzlichen Sozialversicherungssystems – teilnehmen zu müssen, die Angst der Menschen nicht mehr zähmt, folgen sie seinem System nicht mehr freiwillig. In der Konsequenz muß der Sanktionsdruck auf die Teilnehmer des Systems erhöht werden, sollten sie sich der Kooperation entziehen. Dies erfordert neue Regeln, neue Gesetze, mehr Kontrolle und noch mehr – kostenträchtige – Verwaltung.

Dies allerdings macht, für sich gesehen, das Angstbewältigungssystem noch ineffektiver und schürt damit wieder neue Ängste. Zudem gerät der politische Angstdefinierer zunehmend in die Versuchung, immer neue solcher Ängste zu ersinnen und zu propagieren, vor denen er vorgibt, seine Politikadressaten schützen zu können. Das allgemeine Angstempfinden steigert sich damit weiter und weiter.

2. ABSCHNITT

STAATSBANKROTT UND TOTE FAMILIE – EIN ZWISCHENSPIEL

Die Sucht nach immer mehr „sozialer Sicherheit"
ist gleichsam die nur logische Konsequenz einer solchen politischen Panikstrategie. Im Sorgentaumel vor
Globalisierung, Klimakatastrophe, Terror und vielem
anderen mehr findet sich eine hysterisierte Bevölkerung zu Dingen bereit, die ihr wenig früher noch
undenkbar erschienen. Die Abwärtsspirale in den
Sicherheitswahn wird schnell und schneller durch-
glitten. Wie bei jeder Art von Sucht muß die Dosis
immer mehr erhöht werden, um noch den angeziel-
ten Befriedigungseffekt erzielen zu können. Die
Überdosierung auch der sozialstaatlichen Strategien
führt jedoch – wie bei schlichtweg jedem Medika-
ment – im Ergebnis nicht zu einer Heilung, sondern

sie intensiviert und verbreitert nur die Leiden. Wie nun soll ein derart entgleistes System wieder auf die rechte Spur gesetzt werden? Wie lassen sich die entfesselten Ängste einer besorgten Bevölkerung wieder auf Normalmaß zurückführen? Wie kann man erklären, daß ein sozialstaatlich unrettbar überschuldeter Staat keinerlei starke Schultern hat, an die sich ein Schwacher im Notfall lehnen könnte?

Nichts nämlich ist machtloser, als ein Staat in der Insolvenz. Und jeder Staat, der seinen Bürgern den Wohlstand verboten und verunmöglicht hat, ist insolvent. Wenn alle Menschen gleich arm sind, dann gibt es auch keinen Staat mehr, der irgendetwas „sozial gerecht umverteilen" könnte. Auch wenn nämlich die Propagandisten des Sozialstaates üblicherweise gegen „das Geld" schimpfen und seinen Einfluß brechen wollen, so fällt doch auf, daß sie selbst ein hohes Interesse an eben diesem Geld haben. Anders wäre nicht zu erklären, warum sie über Steuer- und Abgabengesetze massiv dafür sorgen, immer mehr dieses Geldes in ihre Verfügungsgewalt zu bringen. Anders wäre auch nicht zu erklären, warum das staatliche Geldmonopol ihnen wichtig ist. Und anders wäre nicht zu erklären, warum sie von eben diesem Geld immer mehr in den Umlauf bringen.

Wie wir schon gesehen hatten, gibt es im wesentlichen zwei Methoden, um Menschen zu gewissen Handlungen zu bewegen: Entweder, man zwingt sie mit Gewalt zu etwas, oder man bezahlt sie. Der Weg über den Gewaltzwang ist aufwendig und anstrengend. Der über die Bezahlung demgegenüber milde. Daher rührt das Interesse auch eines staatlichen Gewaltmonopolisten an Geld.

Welche destruktiven Konsequenzen der enthemmte Griff auch des Staates nach dem Geld seiner Bürger hat, wird – neben den eingangs breit geschilderten Mechanismen – nicht zuletzt an einem weiteren Beispiel deutlich. Steuererhöhungen, Staatsverschuldung und Inflation wären schon lange an den Punkt des finanzpolitischen Zusammenbruches gekommen, hätte sich nicht innerhalb nur einer einzigen Generation ein weiterer revolutionärer Wandel vollzogen: Die Frauen der Gesellschaft sind als Reservearmee zur Finanzierung des Sozialstaates aktiviert worden.

Während wohl die meisten Mütter der heute arbeitenden Bevölkerung noch ein Leben als Hausfrau führten, steht die moderne Frau in einem steuer- und sozialversicherungspflichtigen Beschäftigungsverhältnis. Der Alleinverdienermann und die Hausfrauenehe sind tot: „In der Werbung gibt es sie noch, die glückliche Familie: Vor dem Einfamilienhaus parkt der Mittelklassewagen, Vater verdient das Geld, Mutter kümmert sich um die beiden Kinder und den Hund. ... Mehrfach habe ich ... nach einer solchen Familie gesucht ... – wir haben nicht einen einzigen

gefunden, auf den diese Vorgaben noch passten",
schreibt Günter Ederer[117].

Hausfrauliche Tätigkeit konnte nicht der Besteuerung unterzogen werden. Mutterliebe gab es noch
sozialversicherungsfrei. Indem nun die Frauen in
Büros oder Fabriken, an der Kasse oder in Agentu-
ren arbeiten und ihre Kinder von professionellen Ta-
gesmüttern erzogen werden, profitiert der Abgabenstaat doppelt: Er kassiert bei der Mutter und bei der
engagierten Erzieherin. Roland Baader formuliert:
„Zugleich und vor allem ist die Erwerbstätigen-Quote
der Frau ein Thermometer für den Hitzegrad der
Ausbeutung im Sozialstaat, der seinen entmündig-
ten Untertanen so viele Mittel entzieht, daß sie gar
nicht mehr anders können, als Ehefrauen und Mütter
dem Stumpfsinn des Geldverdienens an Supermarkt-
kassen auszusetzen."[118]

Daß die „Verkaufsstrategie" dieses Lebensmo-
dells nicht den Weg über das böse Wort vom „Stumpfsinn" nahm, versteht sich von selbst. Man sprach vielmehr von der „Selbstverwirklichung" und von der
befreienden „Emanzipation". Die psychologischen
Dimensionen dieser Propaganda sollen hier jedoch
nicht weiter interessieren. Für unseren Zusammenhang bleibt wesentlich, daß der sozialstaatliche Aus-
beutungsmechanismus hier auch seine eigenen de-
mographischen Wurzeln zerfrisst. Frauen, die arbeiten, bekommen unterdessen keine – oder zumindest

weniger – Kinder. Und in dem Maße, in dem sie sich für ihre wenigen Kinder deren abgabenbelastete Betreuung nicht mehr leisten können, entscheiden sie sich mehr und mehr gegen den Nachwuchs. Indem diese Entscheidung für oder gegen das Kind, für oder gegen die Familie, für oder gegen den Job, für oder gegen die Karriere, im Leben einer Frau aus Gründen des wirtschaftlichen Zwanges keine freie Entscheidung ist, kann von einer „Frauenbefreiung" ernsthaft nicht mehr gesprochen werden. Im Gegenteil: Allenfalls dann wäre eine Frau wahrlich frei in ihrer Entscheidung für oder gegen einen bestimmten, selbst gewählten Lebensweg, wenn sie auch noch ernstlich die Option hätte, sich für die Partnerschaft mit einem Alleinverdiener und mit den gemeinsamen Kindern zu entscheiden. Wenn und solange die Chance für ein wirtschaftlich darstellbares Leben mit „nur" einem Verdiener durch den konfiskatorischen Abgabenstaat verbaut bleibt, ist die Frauenbefreiung (wieder) nur eine Chimäre.

Anstelle der Investition in eine eigene Familie setzen die gegenwärtigen Bürger unseres Landes – innerhalb der obwaltenden sozialen Panik – auf rein monetäre Rentenvorsorge. Denn Kinder sind ja – der herrschenden Terminologie folgend – ein sogenanntes „Armutsrisiko". Und also „riestern" sich die Singlehaushalte mit dem staatlichen Papiergeld in eine immer ungewissere Zukunft. Wenn die Rede von einer totalen Ökonomisierung des Lebens je einen Sinn hatte, dann hier: Männer und Frauen dürfen nicht einfach nur Mutter und Vater sein, sondern sie müssen sich in sozialstaatliche Umverteilungs-, Abgaben- und Bezuschussungskategorien fügen. Hier liegt die Wurzel des Ökonomisierens, nicht aber im Wunsch nach kapitalgedeckter Privatsphäre.

Wieder also bleibt es bei den Frage: Wo ist der Ausweg aus dieser Krise?

3. Abschnitt

Kann Bürokratie Arme und Schwache bereichern?

Ein insolventer Staat bietet seinen Bürgern keine Sicherheit. Nur Kapital in den Händen der Bürger verschafft ihnen materielle Sicherheit und befreit sie somit von ihrer Sozialpanik. Erste zarte politische Ansätze zu einer Umstellung beispielsweise des Rentensystems von seinem Umlage- in ein Kapitaldeckungsverfahren sind zwar erkennbar. Die Maßnahmen reichen indes bei weitem nicht aus.

Üblicherweise wird – im Zusammenhang mit dem Rentensystem – argumentiert, dieses sei so überschuldet, daß die „Sandwichgeneration" nicht in der Lage sei, neben der Alimentierung der aktuellen Rentner auch noch Kapital für das eigene Alter zu bilden. Dieser Einwand ist zwar im Grundsatz richtig. Er übersieht aber, welche ungeheuren Hebelwirkungen eine freie Wirtschaft stets entwickelt. Läßt man eine Bevölkerung von Millionen Menschen ihre Kreativitäten frei entfalten und gestattet man ihr das Streben nach Profiten, statt diese zu mystifizieren, so werden nach aller historischen Erfahrung wirtschaftliche Ressourcen freigesetzt, die sich kein sozialstaatlicher Planwirtschaftler je vorstellen kann.

Ein Beispiel: Hong Kong ist eine Stadt, in der die Menschen achtzehnmal so eng beieinander leben, wie in New York. Es regnet mehrere Monate im Jahr, die klimatischen Bedingungen sind geradezu verheerend. Während der britischen Kolonialzeit bis 1997 gab es keinerlei wirtschaftliche Hilfen oder Subventionen. Das Vereinigte Königreich ließ Hong Kong einfach konsequent in (wirtschaftlicher) Ruhe. Es wurde nicht ansatzweise versucht, ein sozialstaatliches Wohlfahrtssystem einzuführen. Was war das Ergebnis? Ein Gemeinwesen, das prosperiert!

P.J. O' Rourke berichtete kurz nach dem Übergang Hong Kongs in die Hände der chinesischen Regierung: „Das Wirtschaftswachstum hält sich seit 20 Jahren konstant bei 7,5 Prozent, womit sich das Bruttoinlandsprodukt seit 1975 vervierfacht hat. ... Hong Kong hatte darüber hinaus das Glück, einer Kolonialregierung zu unterstehen, die einige echte britische Helden vorzuweisen hatte. Eine besonders schillernde Figur war John Cowperthwaite. ... Er untersagte den Bürokraten, Bruttoinlandsprodukt und Wirtschaftswachstum in Zahlen festzuhalten. ... Cowperthwaite tat es, weil er der Ansicht war, daß diese Zahlen niemanden etwas angingen und zudem die Gefahr bergen, Missbrauch von Seiten irgendwelcher Politiker zu provozieren. ... Während einer Haushaltsdebatte 1961 sagte er etwas, was meiner Meinung nach über sämtlichen Regierungsportalen der Welt eingraviert werden sollte oder, besser noch, auf die Gesichter der Gesetzgeber tätowiert: ‚... *langfristig richtet die Summe aller Entscheidungen einzelner Geschäftsleute, die nach eigenem Ermessen freie Entschlüsse in einer freien Marktwirtschaft treffen, selbst wenn sie bisweilen irren mögen, weniger Schaden an als solche, die von der Regierung für alle getroffen werden; und der Schaden, den sie anrichten, wird mit Sicherheit schneller behoben.'*"[119]

Ein John Cowperthwaite wäre dem deutschen Sozialstaat daher dringend zu wünschen. Derzeit werden unsere Wirtschaftszahlen demgegenüber geradezu in einem Wutrausch der Datensammlung erfasst und monolithischen Gesamtlösungen zugeführt. Die Ergebnisse kennen wir.

Doch nicht nur Hong Kong weist einen erfolgversprechenden Weg. Letztlich ist der offenliegende historische Erfolg der US-amerikanischen Wirtschaft alleine dem Umstand zuzuschreiben, daß die Eroberung des Landes zwar mit sagenhaften organisatorischen und naturgewaltigen Widerständen zu kämpfen hatte. Eines aber stellte sich dem Weg nach Westen nicht in den Weg: eine planende Bürokratie. Insofern erstaunt nicht, daß – wie wir eingangs feststellten – das sogenannte deutsche Wirtschaftswunder nach 1945 kein „Wunder" war. Auch Ludwig Erhardt sorgte lediglich dafür, daß die sinnvoll zusammenarbeitenden Menschen in Deutschland nicht bürokratisch von einer planenden Behörde daran gehindert wurden, das Vernünftige zu tun.

Genau dies erkannte in den 1970er Jahren auch die spätere britische Premierministerin Margaret Thatcher. In ihrer Regierungszeit reduzierte sie die Zahl der Beamten um 22,5 Prozent[120]. Die zuvor in eine schlichtweg desolate Situation geratene britische Wirtschaft erholte sich merklich.

Leider wissen bis heute nur die wenigsten, daß Margaret Thatcher die einzige Regierung in der bekannten Menschheitsgeschichte führte, die je effektiv Staatsschulden zurückgezahlt hat. Dominik Geppert schreibt über Margaret Thatcher: „Sie sah letztlich die individuelle Freiheit stets durch den Staat gefährdet. Diese Bedrohung musste man sich nicht als einen einmaligen Akt vorstellen, sondern als schleichendes Gift. Der Staat nahm seinen Bürgern nicht mit einem Mal alle ihre Rechte, sondern er ging behutsam und schrittweise vor. Er griff hier in ihr Leben ein, nahm ihnen dort eine Entscheidung ab, gewährte ihnen hier eine Wohltat, schrieb ihnen dort vor, was sie zu tun hatten. Mit diesen unzähligen kleinen Eingriffen veränderte sich nicht nur die Herrschaft des Staates, sondern auch die Gesinnung seiner Bürger."[121]

Die Bilder und Diagnosen gleichen sich also auch hier: Ebenso, wie der Brite seinerzeit Stück für Stück entmündigt und auf die Droge Sozialstaat gesetzt wurde, so steigert auch der gegenwärtige Deutsche sich mehr und mehr in seine Sozialpanik. Doch der Weg aus dieser heraus führt nicht über mehr Staat und mehr Umverteilung. Denn dies ist der Weg ins Desaster. Der Weg führt vielmehr alleine über die Gestattung von Profiten, über die Zulassung bürgerlicher Kreativität und über die Erreichung von Reichtum für alle.

Dies wiederum heißt nichts anderes, als daß erleichtert werden muß, zu arbeiten. Statt gesetzlicher Einschränkungen und staatlicher Vorgaben braucht es allgemeine Vertragsfreiheit, individuelle Handlungsmöglichkeit, unantastbares privates Eigentum und konsequentesten Abbau von Bürokratie.

Zur Verdeutlichung der heute herrschenden, destruktiven und Reichtum verhindernden Gewalten scheint der simple Blick auf ein Rechenexempel dienlich. Wenn 100 Arbeiter in einer Stunde je 100 Äpfel pflücken, dann liegen nach einer Stunde 10.000 Äpfel im Korb. Stellt man nun 20 dieser Arbeiter dafür ab, eine behördliche Verwaltung dieses Pflückvorganges zu übernehmen (Welcher Apfel stammt von welchem Baum? Was wiegt er? Was wird er nächstes Jahr wiegen? Wie ist sein Fruchtgehalt? Wie seine Schadstoffbelastung? etc. pp.), dann liegen nach einer Stunde schon nur noch 8.000 Äpfel im Korb. Da aber den behördlichen Verwaltern von Seiten der pflückenden Firma zugearbeitet werden muß, fallen schnell weitere 20 Mann für das Pflücken aus. Denn diese 20 müssen nun die Formulare ausfüllen, die von den 20 Beamten ausgewertet werden. Also liegen nach einer Stunde schon nur noch 6.000 Äpfel im Korb. Macht bei einem 8-Stunden-Arbeitstag einen bürokratisch verursachten Apfelverlust von 8 Stunden zu je 4.000 nicht gepflückten Äpfeln, also 32.000 Stück. An nur einem (!) Tag.

Dieses Apfel-Beispiel erhellt nicht nur die wirtschaftlich verzögernden und – schlimmstenfalls apfelfäulnisbedingt wertvernichtenden – Dimensionen staatlicher Verwaltung. Es verdeutlicht auch, daß die 100 Männer insgesamt durch ihr bürokratisch gestörtes Handeln weniger reich an Äpfeln sind, als sie es ohne den staatlichen Eingriff wären. Und es zeigt darüber hinaus – ganz wesentlich – dies: An jedem Abend stehen nun 32.000 Äpfel weniger dafür zur Verfügung, an solche Menschen verteilt zu werden, die zu alt oder zu krank waren, am Apfelpflücken teilzunehmen. Anders gesagt: Der Hauptverlierer jeder Art von Bürokratie ist niemals der, der die Früchte eines Tages arbeitend erwirtschaftet. Sondern der Hauptverlierer solcher Abläufe ist immer der, der ohnehin schon der Schwächste war. Bürokratie macht also zwar Reiche ärmer. Aber Bürokratie macht insbesondere auch Arme ärmer. Und das ist – zumindest in meinem Weltbild – nicht hinnehmbar. In Ihrem sicher auch nicht, oder?

Je mehr folglich an Gütern und Reichtümern zum allgemeinen Verbrauch bereit steht, desto geringer sind die Sorgen der Menschen, zu verarmen, sozial abzusteigen oder sonst „durch das Netz zu fallen". Wer heute ehrlich auf Deutschland blickt, muß einräumen, daß die Verwaltungskosten der scheinbar solidarsozialen Umverteilung für sich gesehen schon höher sind, als die Hilfen für Schwache selber. Wäre das bestehende System auch nur ansatzweise effektiv, bedürfte es wohl kaum zusätzlich ungezählter mildtätiger Einrichtungen.

Erinnern Sie sich noch an unsere „Kyrill"-Währung? 737 Kyrills im Jahr und also 737.000.000.000 Euro sozialstaatlicher Umverteilung in Deutschland sollen nicht hinreichen, um einen „Pflegenotstand" zu verhindern? Es grenzt an ein Wunder, daß die arbeitenden Menschen in diesem Land überhaupt Produktivitätssteigerungen von solchen Ausmaßen haben erzielen können, um derartige Exzesse der tagtäglichen Gewinnabschöpfung möglich zu machen.

Oder noch deutlicher gesprochen: Es grenzt nach meiner Beobachtung an ein Wunder, daß unter diesen Regeln überhaupt noch irgendetwas geht. Der Weg aus der Sozialpanik führt also nicht über die noch weitere Umverteilung von Gütern, sondern über die Schaffung und Mehrung von Gütern. Diese Erkenntnis sollte eigentlich so naheliegend und verständlich sein, daß niemand sie bestreiten kann, ohne sich lächerlich zu machen.

Erstaunlicherweise gibt es aber immer wieder Menschen, die diese Zusammenhänge verkennen. Kein Geringerer als der US-amerikanische Präsident[122] Abraham Lincoln sah sich angesichts dessen veranlasst, an seine Politiker-Kollegen die folgenden, zeitlos gültigen und nicht häufig genug zu wiederholenden Sätze zu formulieren:

„Ihr werdet die Schwachen nicht stärken, indem Ihr die Starken schwächt.

Ihr werdet den Arbeitern nicht helfen, indem ihr die ruiniert, die sie bezahlen.

Ihr werdet keine Brüderlichkeit schaffen, indem Ihr Klassenhaß schürt.

Ihr werdet den Armen nicht helfen, indem Ihr die Reichen bekämpft.

Der Staat wird bestimmt keine Wohlfahrt schaffen, wenn er mehr ausgibt, als er einnimmt.

Ihr werdet kein Interesse an den öffentlichen Angelegenheiten und keine Begeisterung wecken, wenn Ihr dem einzelnen seine Initiative und seine Freiheit nehmt.

Ihr könnt den Menschen nicht dauerhaft helfen, wenn Ihr für sie erledigt, was sie selber für sich tun sollten und könnten."[123]

Nun gehört es zum Standard-Kanon aller Freunde des sozialstaatlichen Umverteilens, auf einen weiteren Gesichtspunkt hinzuweisen: Würde man, sagen sie, dem „Starken" gesetzlich erlauben, sich frei zu entfalten, dann wäre dies das Ende der Solidarität mit allen „Schwachen". Die blieben dann, heißt es meist, auf der Strecke. Und genau das dürfe nicht sein.

Auf den ersten, flüchtigen Blick erscheint dieses Argument in gewisser Weise schlüssig. Große Tiere fressen kleine. Wer die Kleinen schützen will, muß demnach den Großen die Zähne ziehen. So könnte es gehen. Diese Weltsicht übersieht jedoch eines: Wirtschaftende Menschen sind, in aller Regel, keine Kannibalen. Solange sie sich nicht wie Schiffbrüchige um die letzte Planke im Meer prügeln, um zu überleben, haben sie noch immer Gefallen an der Vorstellung gefunden, mehrere Planken sinnvoll zusammenzusetzen, um anschließend gemeinsam zu interessanten neuen Ufern aufzubrechen. Jede Politik also, die das Aufkommen von Planken nicht verknappt, schafft unausweichlich neue Möglichkeiten für alle.

Von ganz besonderer Bedeutung ist in diesem Zusammenhang ein – gegenwärtig etwas aus dem Blick geratener – Umstand: Die Menschen sind nicht alle gleich. Ganz im Gegenteil. Der eine kann dies, der andere kann das. Jeder kann irgendetwas. Und jeder kann irgendetwas besser, als ein anderer. Wir alle sind einzigartige Individuen. Nicht nur unsere biometrischen Daten unterscheiden sich. Auch außerhalb unserer maschinenlesbaren Reisepässe haben wir unvergleichliche Besonderheiten. Und diese Unterschiede sind von messbarer ökonomischer Relevanz. Sie haben daher gesellschaftliche Bedeutung. Dies jedenfalls erkannte – und begründete – der britische Ökonom David Ricardo (1772 – 1823). Er verarbeitete seine Erkenntnis unter dem Namen „Ricardos Theorie von den komparativen Kosten".

Nicht selten wird diese Theorie etwas unverständlich dargestellt. Am besten habe ich sie bei P.J. O'Rourke erklärt gefunden[124]. Seine Erläuterung klingt etwa wie folgt: Herr A beherrscht die Tätigkeit x besser als die Tätigkeit y. Herr B hingegen beherrscht die Tätigkeit y besser als die Tätigkeit x.

Mehr noch: Herr B kann sogar beides – x und y – besser als Herr A. Unter diesen Voraussetzungen – sagt Ricardo – sollte man Herrn B unter keinen Umständen auffordern oder ermutigen, x und y zu tun. Vielmehr sollten sowohl Herr A als auch Herr B jeweils nur das tun, was sie jeweils persönlich relativ besser beherrschen. Denn nur auf diese Weise realisiere sich der insgesamt gesellschaftlich gesehen größere Nutzen aus beidem.

Ich weiß nicht, wie es Ihnen geht. Aber ich kann solche Gedanken immer nur dann verstehen, wenn sie mir anhand eines Beispiels klargemacht werden. Dankenswerterweise hat P.J. O'Rourke dieses Beispiel an der zitierten Stelle gleich mitgeliefert. Übertragen auf deutsche Verhältnisse lautet es wohl etwa wie folgt: Angenommen ein guter Sketch entspräche in seinem gesellschaftlichen Nutzen einem Popsong. Wigald Boning ist ein besserer Sketchautor als Mario Barth. Zugleich ist Boning ein besserer Musiker als Barth. Nehmen wir an, Boning ist ein hundertmal besserer Autor und ein zehnmal besserer Musiker als Barth. Nehmen wir weiter an, Boning kann in einem Jahr 100 Sketche schreiben und 10 Popsongs. In derselben Zeit könnte Barth 1 Sketch schreiben und 5 Lieder komponieren.

Würde nun Boning 50% seiner Zeit mit dem Schreiben von Sketchen und 50% mit dem Komponieren von Liedern verbringen, hätten wir am Ende des Jahres von ihm 50 Sketche und 5 Popsongs mit demnach 55 Einheiten gesellschaftlichem Nutzen. Würde Barth ebenfalls zur einen Hälfte Sketche schreiben und zur anderen Songs, dann käme er auf 0,5 Sketche und 2,5 Lieder. Sein gesellschaftlicher Nutzen läge demnach bei einem Ausstoß von insgesamt 3,0. Zusammen hätten beide also einen gesellschaftlichen Nutzen von 58 erzielt.

Könnte Boning statt dessen das ganze Jahr nur Sketche schreiben und Barth ausschließlich Lieder, dann erhielten wir zum Jahresende von Boning 100 Sketche und von Barth 5 Songs. Der gesellschaftliche Gesamtnutzen summierte sich auf 105. Das ist erkennbar insgesamt besser als die nur 58 gesellschaftlichen Nutzen-Einheiten bei je hälftiger Arbeitsteilung.

Aus dieser – zugegebenermaßen etwas sperrigen – Theorie ergibt sich aber jedenfalls diese weitere Erkenntnis: Sofern eine Wirtschaftsordnung jeden Menschen stets nur in Ruhe genau das machen läßt, was er am besten kann, erwächst hieraus der für alle beste Nutzen. Anders gewendet: Immer dann, wenn ein Wirtschaftssystem seine Teilnehmer zwingt, (auch) Dinge zu tun, die sie nicht am besten beherrschen, verlieren sowohl die einzelnen Teilnehmer als auch die Gesellschaft insgesamt an Reichtum. Wollten wir uns zynisch ausdrücken, können wir beispielhaft wie folgt formulieren: Die beste Strategie, um eine Gesellschaft insgesamt arm zu halten besteht darin, einen Dachdecker (1.) zu zwingen, täglich möglichst viel Verwaltung und Buchhaltung zu betreiben und dementsprechend weniger Dächer zu decken. Diese Reichtumsverhinderungsstrategie läßt sich dadurch perfektionieren, daß man den Dachdekker (2.) zwingt, im Rahmen von Arbeitsbeschaffungsmaßnahmen einen Gebäudereiniger behördlich subventioniert fachfremd in seinem Betrieb arbeiten zu lassen. Dies erreicht man am besten dadurch, daß man für den Gebäudereiniger (3.) gesetzliche Mindestlöhne in einer Höhe festsetzt, die sich kein Gebäudebesitzer mehr wirtschaftlich leisten kann. Dann bleibt der Gebäudereiniger in seinem Beruf arbeitslos und die abgabenzahlende Allgemeinheit muß seine – pardon, dachdeckerhandwerklich ungeschickte – Arbeit (4.) mit bezahlen. Ein gebäudebesitzender Bäckermeister muß dann (5.) sein Haus selber putzen, ohne während dieser Zeit (6.) Brötchen backen zu können.

4. Abschnitt

Wege aus der Sozialpanik

Das heute herrschende Umverteilungssystem macht also niemanden reicher. Im Gegenteil. Es nützt weder der Gesellschaft insgesamt noch gar den Armen und Schwachen. Es schürt nur die Ängste der Menschen und ihr – nur zu nachvollziehbares – Gefühl des hilflosen Ausgesetztseins. Wer die Menschen stärken will, muß ihnen Selbstvertrauen ermöglichen. Das Gefühl eigener Stärke und Handlungsfähigkeit erwächst aus einer materiellen Unabhängigkeit von fremder Entscheidung. Dies setzt voraus, daß wir den Menschen ermöglichen, mehr als heute über die Früchte ihres Fleißes selbst bestimmen und verfügen zu können.

Die nötige und wünschenswerte materielle Bereicherung für alle kann es nur geben, wenn sämtliche Sozialsysteme umgehend auf kapitalgedeckte

Verfahren umgestellt und in das Eigentum der Betroffenen überführt werden. Das für diesen Wandel notwendige Kapital wird zum Teil von den Betroffenen selbst, aber sicher auch von bislang noch unbeteiligten Dritten zur Verfügung gestellt werden, sobald die Erzielung von Profiten durch Investitionen endlich auch auf diesen Gebieten zum Wohle aller ermöglicht wird. Das rechtsgeschichtlich einzigartige Monstrum mit Namen „Mitbestimmung" jedenfalls macht per Saldo nicht einen einzigen regulären Arbeitnehmer reicher. Es ist eine drollige Blauäugigkeit zu meinen, der „kleine Mann" werde immer und überall betrogen, nur aber ausgerechnet im Großkontext von Staat und Gewerkschaft widerfahre ihm von Seiten seiner Wohltäter stets das uneigennützig Beste. Die bittere und schmerzliche Wahrheit ist statt dessen: Wohl nirgendwo sonst wird er so um die Früchte seines Fleißes geprellt, wie ausgerechnet dort. Oder sollte tatsächlich noch kein Gewerkschaftsvertreter je bei seinen Rufen nach höheren „Unternehmenssteuern" bemerkt haben, daß die dabei an den Staat abfließenden Mittel bei der nächsten Lohnrunde zur Verteilung an die Arbeitnehmer nicht mehr zur Verfügung stehen?

Verlierer dieser Umstellung werden zwar zunächst vordergründig alle diejenigen Beamten sein, die ihren Lebensunterhalt derzeit mit der aufwendigen Umverteilung von Wirtschaftsgütern und Finanzströmen verdienen. Sobald sie aber innerhalb der staatlichen Gesamtbilanz von der Steingart'schen Passivseite auf die wirkliche Aktivseite wechseln und endlich tatsächlich produktiv tätig werden, behalten sie nicht nur einen Beruf und ihren Verdienst. Sie werden ihren Lebensstandard darüber hinaus – zusammen mit der gesamten Gesellschaft – noch ganz erheblich steigern können. Auf diese Weise werden sie zuletzt auch wieder genau zu den „Staatsdienern", die sie heute allenfalls noch terminologisch sind.

Die ausbeuterischen Steuer- und Abgabenlasten der Gegenwart werden unter diesen neuen gesellschaftlichen Regeln ihr Ende finden. Es ist auch überhaupt kein rationaler Grund dafür ersichtlich, warum die andernorts so verbreitete, wirtschaftlich nachvollziehbare Geisteshaltung des „Geiz-ist-geil" im Steuer- und Abgabenleben der Bürger noch keinen Widerhall gefunden hat. Staatliche Interventionen haben noch immer nur zu den sogenannten „Strohfeuern" geführt. Lägen die Dinge anders, müsste der bundesdeutsche Staatshaushalt nach Jahrzehnten des Solidaritätszuschlages für den vormaligen deutschen DDR-Osten aus den dortigen Überschüssen gespeist werden können. Das genaue Gegenteil ist bekanntlich der Fall. Karl Darscheid formulierte noch vor dem Fall der innerdeutschen Mauer über das wirtschaftliche Eingreifen des Staates: „Wenn er einmal reagiert, dann reagiert er entweder zu spät oder zu früh, zu hart oder zu weich, zu forsch oder zu ängstlich, an der falschen Stelle, zur falschen Zeit, am falschen Objekt oder am falschen Subjekt, mit falschen Mitteln, mit zu hoher Dosierung oder zu zögerlich, 150prozentig oder nur 30prozentig"[125].

Ein selbstbewusster, gut ausgebildeter und kulturell sensibler Bürger kann schlechterdings auch nicht gutheißen, in seinen wirtschaftlichen Dispositionen persönlich einflußlos einer fremdgesteuerten Geldmengenpolitik unterworfen zu sein. Ein wirklich souveräner und demokratischer Bürger scheint gar nicht anders denkbar, als – mangels greifbarer geldpolitischer Alternative – unter der Geltung eines behutsam, aber zügig wieder eingeführten Goldstandards. Ohne diesen bleibt er eine bloße Marionette obrigkeitlicher Entscheidungen. Sein Eigentum – nicht nur am eigenen Geld, sondern an allen Vermögenswerten – muß gegen staatliche Eingriffe immun sein[126], insbesondere auch über Generationengrenzen hinaus. Eine Erbschaftssteuer ist weder ökonomisch noch gar moralisch zu rechtfertigen.

Nichts anderes gilt für das Renten- und Gesundheitssystem einschließlich der sogenannten Pflegeversicherung. Das Umlageverfahren macht den Bürger zum Untertanen fremder Entscheidungen. Dies ist mit dem Menschenbild verantwortungsbewusster und wahlberechtigter Bürger nicht vereinbar. Auch die bürokratische Großverwaltung der Gesundheit seiner Bürger durch den Staat muß vor diesem Hintergrund befremden. Die Körper von Bürgern sind nicht das Eigentum des Staates. Wenn der Einzelne nicht einmal im Hinblick auf seinen Körper Souverän ist und unantastbare Hoheit genießt, wie soll er sich dann erst auf anderen Gebieten von der eingreifenden Verwaltung absetzen? Wer im deutschen Gesundheitswesen heute noch ernsthaft an Quotierungen und Budgetierungen als legitime Mittel zur Versorgung glaubt, der möge die faszinierende Geschichte des „Comité Interprofessionnel du vin de Champagne" studieren. Unter deren Quoten- und Preisdiktaten wurde 1941 trotz Militärschutzes der deutschen Besatzungsmacht sogar in der Champagne der Champagner knapp, während dasselbe Produkt zwanzig Jahre zuvor unter den Verboten der amerikanischen Prohibition die größte Verbreitung fand[127] !

Der Bürger ist auch nicht bloß das Objekt einer staatlichen Arbeitsverwaltung. Die frühsozialistische Idee, Arbeiter je nach gesamtstaatlichen Erfordernissen bald hier, bald dort einsetzen zu dürfen, ist mit unserem inzwischen verfassungsrechtlich entwickelten Menschenbild und insbesondere dem Respekt vor der Individualität des einzelnen nicht vereinbar. Auch auf dem Gebiet der Arbeitsvermittlung gilt das Gesetz der bestmöglichen Regelung und ressourcensparendsten Vorgehensweise durch freie individuelle Vereinbarung unter den Betroffenen selbst. Marktwirtschaft heißt nichts anderes, als den respektvollen Umgang aller mit allen zu ermöglichen. Marktwirtschaft heißt, den einzelnen nicht den willkürlichen Befehlen anderer auszusetzen. Marktwirtschaft heißt, jeden einzelnen frei darüber entscheiden zu lassen, mit wem er welche Rechtsbeziehungen eingehen möchte. Sicheres privates Eigentum unter der Geltung zivilrechtlicher Vertragsfreiheit läßt allgemeinen Wohlstand entstehen. Insofern ist Vertragsfreiheit geradezu die Bewegungsfreiheit des kollektiven Eigentums. Die dann ermöglichte Kooperation aller Bürger auf gleicher Augenhöhe schafft schließlich dasjenige gesellschaftliche Klima, in dem nicht mehr eine gesellschaftliche Gruppe den Anweisungen, Anordnungen und Befehlen einer anderen unterworfen und ausgesetzt ist, sondern in dem selbstbewusste und emanzipierte Bürger einander gleichberechtigt gegenübertreten. Nur und erst unter einer derartigen Gesetzeslage erscheint ein moderner Mensch überhaupt möglich. Man kann nicht einerseits ein Volk von Abiturienten und Akademikern „gestalten" wollen und diesen Menschen dann andererseits das Recht absprechen, sich und das Leben mit ihrer Familie individuell und selbst einzurichten. Nur wer die Chance hat, sein Leben in die eigene Hand zu nehmen, kann erst das nötige Selbstvertrauen erwerben, als gleichberechtigter Bürger neben anderen in einem Staat zu leben.

5. KAPITEL

SCHLUSSBEMERKUNGEN

In Bezug auf seinen Staat ist der Deutsche süchtig nach Luxus. Ein Staat kann ihm gar nicht teuer genug sein. Er leistet sich gleich mehrere davon. Landesregierungen und Bundesregierung läßt er zusammen mit dem europäischen Superstaat über seine Geschicke verfügen. Was sein Staat nicht unmittelbar regelt, das überträgt er öffentlich-rechtlichen Anstalten, Körperschaften, Genossenschaften, Kammern und ungezählten weiteren Stellen, die sein Leben fremdbestimmt organisieren.

Es war aber schon immer etwas besonderes, seine Angelegenheiten nicht selbst zu erledigen, sondern sie durch Bedienstete verrichten zu lassen. Traditionell konnten sich stets nur sehr wohlhabende Menschen ein Heer von solch dienstbaren Geistern leisten. Wir in Deutschland haben unsere Parlamente im Laufe der vergangenen Jahrzehnte beschließen lassen, uns diese Annehmlichkeiten zu gönnen. Geld sollte keine Rolle spielen. Es bezahlt ja die Allgemeinheit. Im Gefolge dieser kollektiven Verschwendungssucht haben wir die Lohn- und Einkommenssteuersätze vervielfacht. Progressive Steuersätze haben dazu geführt, daß individueller Fleiß mehr und mehr bestraft wurde. Wer viel für andere und mit anderen arbeitete, der wurde für diesen Dienst an der Allgemeinheit mit ansteigenden Steuersätzen und -lasten bestraft. Wer nur zuhause blieb, der kam in den Genuß niedriger Steuerpflicht. Je mehr Geld wir unseren Staat „sozial gerecht" umverteilen ließen, desto teurer wurde die ganze Angelegenheit. Nur die wenigsten machten sich bewusst, was es zum Beispiel heißt, rund 15% des eigenen Einkommens Monat für Monat an eine Krankenkasse abzuführen. Es bedeutet, daß der Betroffene jedes Jahr recht genau zwei Monate ausschließlich für seine „gesetzliche Krankenversicherung" arbeitet, in einem statistisch 45jährigen Arbeitsleben also insgesamt siebeneinhalb Jahre. Unterdessen wurde immer schwieriger, überhaupt sinnvoll zu wirtschaften. Gesetzliche Ge- und Verbote schränkten die kreativen Chancen mehr und mehr ein. Investitionen in einer allenfalls relativ stabilen Währung gerieten zunehmend zu einem ungewissen Lotteriespiel. Wo würde das nächste Jahressteuergesetz zuschlagen?

Auf der anderen Seite erfreute sich das Umverteilungsspiel der größten Beliebtheit. Je deutlicher die Menschen erkannten, wie problematisch das Schaffen eigener Werte wurde, desto mehr verließen sie sich auf den zuteilenden Staat. Dieser versprach ja Stabilität, Verlässlichkeit und Sicherheit. So jedenfalls schien es. Die Realität sah aber anders aus. Denn nichts steht einem ruhigen Leben in friedfertiger Wirtschaft mehr entgegen als ein Staat, der ökonomisch eingreift. Der sogenannte Interventionsstaat verschenkt das Geld, das er seinen Bürgern andernorts als Abgaben – unter der Androhung von Gefängnisstrafen – abgenommen hat, an Einrichtungen und Unternehmen, die er mag und schätzt. Das nennt er dann Subventionierung.

Weil aber der subventionsrechtlich Beschenkte daraufhin ganz andere Chancen hat zu wirtschaften, wird er allen Nichtsubventionierten zur gleichsam tödlichen Gefahr. Wie sollte ein Unternehmer in einer Stadt überleben, wenn sein Konkurrent täglich EUR 100.000 aus Steuermitteln geschenkt bekommt? So lösten die scheinbar so mildtätigen Subventionen im wirklichen, nichtbeschenkten Leben einen mörderischen Kostendruck aus. Sie führten mittelbar zu dem Zwang, die Produktivitäten immer weiter zu steigern, mit immer weniger Aufwand immer mehr Ertrag erwirtschaften zu müssen. Immer mehr Arbeitnehmer verloren ihre Arbeit, weil ihr Unternehmen sich ihre – durch staatliche Abgabenlasten teure – Arbeit nicht mehr leisten konnte.

So wuchs die Umverteilungsbürokratie. Denn es war ja auf den ersten Blick ganz „sozial ungerecht", daß die einen Arbeit hatten und die anderen nicht. Weil aber alle gleichermaßen von dem Kuchen profitieren sollten, den unsere Volkswirtschaft jeden Tag bäckt, bedurfte es immer genauerer und feinerer Eingriffsverwaltung. Und die kostete wieder. Mehr und mehr.

Es fragt sich, wie lange eine Volkswirtschaft aushält, auf diese Weise ununterbrochen im roten Bereich gefahren zu werden. Es fragt sich, wie lange Menschen bereit sind, ihre ganze Arbeitskraft in ein Projekt zu investieren, das nur noch mit der aufwendigsten Umverteilung von Fleiß befasst ist. Es fragt sich, wie viele private und familiäre Einschränkungen eine Bevölkerung noch hinzunehmen bereit ist, bevor sie sich dem teuren Spiel verweigert. Und ich frage mich, woher meine Mitmenschen die fast grenzenlose Bereitschaft nehmen, ihre ganze Kraft, ihre ganze Kreativität und zuletzt ihr ganzes wirtschaftliches Leben klaglos unter die Regie einer solchen steuerlichen Extremabschöpfung zu stellen.

Ein Mann alleine kann seine Familie schon heute in Deutschland nicht mehr ohne staatliche Unterstützung ernähren. Kinder in Deutschland kennen schon nur noch Eltern, die beide erwerbstätig beschäftigt sind. Das Familienleben der meisten beschränkt sich auf die Wochenenden, verkürzt allerdings noch durch die Besorgung häuslicher Organisationen. Urlaube mit den Angehörigen geraten längst zu einem Drahtseilakt auf den Dienstkalendern aller Beteiligten. Alle immateriellen Werte und Freuden, kulturelle Ereignisse, selbst das Pflegen von Freundschaften außerhalb der Erwerbstätigkeit, werden zu knappen Gütern. All dies ist nichts anderes, als das zwangsläufige Ergebnis unserer staatlichen Organisation. Wagen wir also – endlich – den Schritt heraus aus dem verlockenden Lichterschein der sozialen Laterne in das ungekannte Halbdunkel der Umgebung!

Eine andere Organisation unseres Lebens ist ohne weiteres möglich. Wir können unsere steuerliche Extremabschöpfung beenden. Wir können Eigentümer unserer sozialen Sicherungssysteme werden[128]. Wir können für unser Wirtschaften auf ein Geld zurückgreifen, das wertstabil ist und nicht nur aus politischen Papierversprechen beruht[129]. Wir können uns wieder freie Verträge mit allen denjenigen erlauben, mit denen wir wirklich etwas zu tun haben wollen[130]. Wir können beschließen, unser jeweiliges Eigentum wieder wechselseitig zu respektieren. Wir können uns einig sein, daß es einer Behörde nicht erlaubt ist, in unsere privatesten Lebensverhältnisse einzudringen. Wir können bewirken, daß die Entwicklung produktiver Fähigkeiten wieder einträglicher ist, als die von politischen Talenten[131]. Wir können vereinbaren, daß unsere Körper wieder uns ganz alleine gehören. Und wir können durch alles das diejenigen Mittel beschaffen, die wir brauchen, um im Fall der Not unserer Familie und unseren Freunden helfend beizustehen.

Wir könnten alle reich sein. Es ist nur unsere Politik, die das verhindert.

Fussnoten

[1] Interessanterweise legen in jüngerer Vergangenheit gleich mehrere Autoren unser Land auf die Couch des Therapeuten. Florian Felix Weyh, Die letzte Wahl, Frankfurt am Main 2007, läßt eine Ministerialbeamtin stellvertretend für uns alle therapieren und Stephan Grünewald, Deutschland auf der Couch, Frankfurt am Main 2006, widmet sich gleich der ganzen Gesellschaft. Zu den Parallelen zwischen Politik und Psychologie bleibt aber immer lesenwert: Paul Watzlawick, Bausteine ideologischer ‚Wirklichkeiten', in ders.: Die erfundene Wirklichkeit, München, Neuausgabe 1984, 3. Aufl. 1985, S. 192-228

[2] Mehr noch: Nur zwanzig Jahre nach dem Ende des 2. Weltkrieges sah der materielle Vergleich zwischen dem Weltkriegsverlierer Deutschland und dem Sieger England so aus: „Der westdeutsche Arbeiter verdiente doppelt so viel wie sein englischer Kollege.", vgl.: Christian von Krockow, Churchill, Hamburg 1999, S. 196

[3] In: Josef Joffe, Dirk Maxeiner, Michael Miersch und Henryk Broder: Schöner Denken, 2. Auflage, München 2007, S. 23 unter dem Stichwort „Armut"

[4] Matthias Horx, Anleitung zum Zukunftsoptimismus, Frankfurt/Main 2007, S. 108, 288

[5] Auch dies wird man sich bewusst machen müssen: Wenn es in knappen Meldungen der Presse gerne heißt, bestimmte Menschen unserer Welt müssten mit einem Dollar pro Tag auskommen, dann entspricht die Kaufkraft genau dieses einen Dollars dort natürlich nicht seiner Kaufkraft in einer Industrienation. Anders gesagt: Wer in diesen Regionen pro Tag z.B. 5 Dollar zu Verfügung hat, gehört – in der uns vertrauten Terminologie – bereits zur „Mittelschicht".

6 Robert Heilbroner und Lester Thurow: Wirtschaft, Frankfurt/
Main, 2002, S. 16. Weiter heißt es dann dort: „Wir erkennen dran, wie einschneidend der Kapitalismus die Lebensbedingungen der Menschen veränderte, als er schließlich
die Bühne der Weltgeschichte betrat."

7 Wolf Schneider hat die „Gleichheit" als einen politisch um-
stürzendes Wort mit einigen messerscharfen Überlegungen
als in Wahrheit unsinnig entlarvt: „Völlig gleich, hat Leib-
niz nachgewiesen, kann ein Ding alleine mit sich selber
sein; nur sprechen wir dann nicht mehr von Gleichheit, sondern von Identität. In seiner engsten und obersten Bedeutung hebt das Wort sich selber auf. ... Gleichheit ist ... ein
hochelastischer Ballon, aus dem man nahezu jede Definition herauszaubern kann."; in: Wörter machen Leute, München, 3. Aufl. 1986, S. 137

8 Diese Definition entlehne ich übrigens der in juristischer Literatur und Rechtsprechung ganz herrschenden prozessrecht-
lichen Auffassung darüber, wann ein Richter bei Gericht
von einer Tatsache überzeugt sein darf. Gefordert ist nie
mathematische Gewißheit, sondern eben nur jene Sicherheit, die unsere praktische Lebenserfahrung bieten kann;
vgl. Hanns Prütting in: Münchner Kommentar zur Zivil-
prozessordnung, München, 3. Aufl. 2008, § 286 ZPO Rn
34, sowie insbesondere BGHZ 53, 245

9 Der Begriff „Wirtschaftswunder" bleibt ein propagandistisch-
terminologisches Ärgernis: William S. Schlamm formulierte
im Jahre 1959 hierzu: „Das deutsche Wirtschaftswunder ist
weder ein Wunder, noch hat es viel mit Wirtschaft zu tun.
Was ist so wundersam an einer völlig sachlichen Reaktion
des einträglichen Angebotes auf dringenden Bedarf?" und
weiter: „Das wundersame Element in dieser Geschichte
scheint mir zu sein, daß in einer Epoche, in der die ganze
Welt von Planungsfanatikern regiert wurde, einige klarden-

kende Männer in Deutschland noch an die uralten Verhaltensregeln des Marktes glaubten." (William S. Schlamm, Die Grenzen des Wunders, Zürich 1959). Es war also eben gerade kein „Wunder", daß das Wirtschaften der Menschen im Westen Deutschlands nach 1945 erfolgreich gelang. Denn wo staatliche (oder sonst gewaltsame) Institutionen freiwilliges menschliches Agieren nicht hindern, da entsteht das, was für die handelnden Menschen und die ihnen emotional verbundenen Angehörigen sinnvoll ist: Wohlstand nach Maßgabe des technisch irgend möglichen Umfanges.

[10] Odo Marquard: Glück im Unglück, München 1995, Vorbemerkung, S. 9

[11] Nicolás Gómez Dávila: Es genügt, daß die Schönheit unseren Überdruß streift..., Stuttgart 2007, Hrsg. von Michael Klonovsky, S. 131

[12] Kai Diekmann, Der Große Selbst-Betrug, München 2007, S. 31

[13] Harald Schmidt, Sex ist dem Jakobsweg sein Genitiv, 7. Auflage, Köln, 2007, S. 20

[14] Bernd Rüthers, Rechtstheorie, 2. Auflage, München 2005, S. 237f. (Rn 341); ein bemerkenswertes Anwendungsbeispiel für dieses Verhältnis zwischen Gesetz, Moral und Sanktionsgewalt, die der Akzeptanz entbehrt, bietet das deutsche Trauerspiel um die Bekämpfung der sogenannten „Schwarzarbeit". Wer vor der Wahl steht, entweder wirtschaftlich unterzugehen, oder aber – notfalls „schwarz" – zu arbeiten, der wird die beschäftigungshindernden Rechtsregeln nicht akzeptieren und also gegen ihre Anordnungen verstoßen. Dem uneinsichtigen staatlichen Normgeber bleibt nur die Durchsetzung seines schlechten Rechtes per gewaltsamer Sanktion. Dies sind die Geburtsstunden von juritisch-administrativen Fehlgeburten wie „Zoll-stoppt-Schwarzarbeit.de" u.a.

[15] Nicolás Gómez Dávila: Es genügt, daß die Schönheit unseren Überdruß streift..., Stuttgart 2007, Hrsg. von Michael Klonovsky, S.128

[16] Northcote Parkinson, Das Manana-Gesetz, 2. Auflage, Wien 1971, S. 23

[17] Lutz Peters, Verkrustetes Deutschland, gefährdeter Wohlstand, München 2006, S. 76f. spricht von „knapp 50%"

[18] Roger Willemsen, Traudl Bünger und Dieter Hildebrandt: Ich gebe Ihnen mein Ehrenwort – Die Weltgeschichte der Lüge, 2. Auflage 2007, Frankfurt/Main, S. 21

[19] Auch das Abgabenrecht ist insofern unerbittlich. Da die Sozialversicherungsbeiträge ab dem ersten verdienten Euro abgeführt werden müssen, ihre Höhe aber (noch) nach oben durch sogenannte Beitragsbemessungsgrenzen gedeckelt ist, zahlen unsere sogenannten „Geringverdiener" relativ viel Sozialbeiträge und relativ wenig Lohn- bzw. Einkommensteuer. Durch die Steuerprogression, also den mit der Höhe des Einkommens jeweils steigenden Prozentsatz der Steuerpflicht auf den Verdienst, fallen zwar oberhalb der Bemessungsgrenzen die Belastungen durch Sozialbeiträge fort; sie werden aber im Ergebnis durch die höhere Einkommensteuer mehr als kompensiert. Wer gut verdient, zahlt relativ weniger Sozialbeiträge, aber um so mehr Steuern. Im letzten Endergebnis ist die Differenzierung zwischen Sozialbeiträgen und Steuern dann aber auch völlig irrelevant. Denn das Geld, was den Sozialkassen fehlt, wird aus Steuermitteln ergänzt.

[20] Günter Ederer, Die Sehnsucht nach einer verlogenen Welt, München 2002, zitiert Helmut Kohl (a.a.O. S. 84) zwar mit den Worten, er halte dies für „Sozialismus"; da jedoch ein materieller Unterschied zwischen Sozialismus und Kommunismus ernsthaft nicht erkennbar ist, bleibe ich für den hiesigen Zusammenhang bei der mir erinnerlichen Formu-

lierung des Altbundeskanzlers.

[21] Wie gesagt: Tatsächlich ist alles noch weit ernüchternder. Um etwa der Sekretärin in einem Rechtsanwaltsbüro arbeitsvertraglich brutto EUR 3.000,— zusagen zu können, muß bei einem keinesfalls übermäßigen Kostenanteil des Büros von wiederum 50% ein monatlicher Umsatz von EUR 6.000,— (zzgl. derzeit 19% Umsatzsteuer) erzielt werden. Nur wenn diese EUR 7.140,— tatsächlich fließen, sind alle Büro- und Arbeitskosten dieser Mitarbeiterin vollständig gedeckt. Der Anwalt hat mit diesem Umsatz für sich selber allerdings noch keinen Verdienst erwirtschaftet. Erst der siebentausenseinhunderteinundvierzigste Euro fließt an ihn selbst – allerdings brutto...

[22] So oder so ähnlich formulieren es die Wirtschaftsteile unserer Zeitungen, z.B. Thomas Wels am 18. Januar 2008 in der W.A.Z.; daß der Arbeiter selbst mit diesen vier Stunden bei genauerer Betrachtung bei weitem noch immer nicht auskommt, sollen die hiesigen Darlegungen im Einzelnen zeigen.

[23] Sie gilt übrigens auch für den Einsatz einer privaten Putzkraft, wie ich einem Freund neulich zu dessen Entsetzen erläuterte: Um seiner Putzfrau netto den Erwerb von EUR 50 zu ermöglichen, muß er – ohne Berücksichtigung seines eigenen Kostenaufwandes! – mindestens EUR 238 erwirtschaften. Denn nach Abführung von EUR 38 Umsatzsteuer bleiben ihm von eigenen brutto EUR 200 wieder nur jene netto EUR 100 die er dann seiner Hilfskraft zahlen kann (und von denen sie als umsatzsteuerbefreite Kleinunternehmerin nach Abzug von Steuer- und Sozialabgaben EUR 50 zur eigenen Verfügung behält). Damit konnte ich ihm schnell ohne weiteres zwei Dinge plausibel machen. Zum einen, warum ich meine Wanne selber schrubbe. Denn das ist sehr schnell ökonomischer als der Einsatz fremder Kräfte (zu-

mal deshalb, weil ich zugleich die Kosten für ein teures Sportstudio spare, wo ähnliche Bewegungsabläufe trainiert würden). Zum anderen, warum sozialistisch-kommunistische Systeme immer in den Zustand elementarster Grundversorgungen zurückfallen: Weil alle übermäßig mit Abgaben belasteten Betroffenen sich nämlich zuletzt nur noch leisten können, sich selber zu beschäftigen, statt von gesellschaftsdienlichen arbeitsteiligen Prozessen zu profitieren.

[24] Zum Beispiel sollte möglichst kein Häuslebauer seine Belastungen über die Jahre und Jahrzehnte der Baufinanzierung auf diese Weise kalkulieren. Die aus versteuertem (!) Einkommen bezahlten Zinslasten würden ihm deutlich machen, wie viele Häuser er über die Dauer seines Abbezahlens effektiv mit seinem Fleiß tatsächlich hätte bauen können.

[25] näher dazu: Paul Kirchhof, Das Gesetz der Hydra, München 2006, S. 39

[26] Reinhard K. Sprenger, Der dressierte Bürger, Frankfurt am Main 2005, S. 57, hat errechnet, was es steuerrechtlich bedeuten würde, wenn sämtliche staatlichen Subventionen abgeschafft würden: „Der Eingangssteuersatz könnte auf 7% und der Spitzensteuersatz auf 17% sinken. Dann könnte man auch wohl ohne staatlichen Zuschuß ein Haus bauen."

[27] Zur Klarstellung: Wenn Sie – wie dargestellt – 100% fleißig sind und davon 75% an den Staat verlieren, dann bleiben Ihnen, nach Adam Riese, 25% ihres Fleißes übrig. Um die 100% wieder zu erreichen müssen Sie die 25% Nettoeinkommen also um das Dreifache erhöhen. Daher kommt die Zahl „300%".

[28] Ein kleiner Unterschied zwischen den beiden Varianten besteht allerdings doch: Wenn das Geld via Bußgeldbescheid an den Fiskus fließt, spricht der Bürger nur eher diffus von

einer „Unverschämtheit". Den Mietpreis für das Parkhaus lastet er aber üblicherweise in unseren Breiten ganz konkret dem gierigen Profitinteresse des Garagenbesitzers zu. In ganz harten Fällen fordert er die Verstaatlichung der Parkgarage, damit die Preise dort „bezahlbar" blieben.

[29] Meine eigene Urgroßmutter mütterlich-großväterlicherseits war mit einem einfachen Arbeiter verheiratet und beide hatten 12 (zwölf) Kinder.

[30] Arno Schmidt für Boshafte, Ausgewählt von Bernd Rauschenbach, Frankfurt am Main, 1. Auflage 2007, S. 90

[31] Andreas Füllbier in: Boos/Fischer/Schulte-Mattler, Kreditwesengesetz, 2. Auflage, München 2004

[32] Dietrich Schefold in: Schimansky/Bunte/Lwowski, Bankrechts-Handbuch, München 2007, Band II, § 115 Rn 22 (Seite 1591)

[33] Dietrich Schefold ebenda, Band II, § 115 Rn 17

[34] Dietrich Schefold ebenda, Band II, § 115 Rn 9, 31. Besonders fasziniert bei der Lektüre solcher Werke, daß man ganze 1590 (in Worten: eintausendfünfhundertneunzig) Seiten über das Bankrecht verfassen kann, ehe man sich auf Seite 1591 erstmals der Frage widmet, was überhaupt unter Geld zu verstehen ist.

[35] Auch Paul Kirchhof, Das Gesetz der Hydra, München 2006, befasst sich mit dem Phänomen „Geld". Es sei „strukturell heimatlos" (a.a.O. S. 233), „sterblich" (S. 239f.) und es ‚arbeite nicht' (S. 242ff.). Eine Definition wagt indes auch Kirchhof nicht.

[36] Murray Newton Rothbard, Das Schein-Geld-System, Gräfelfing 2000, S. 17-21

[37] Roland Baader, Geld, Gold und Gottspieler, Gräfelfing 2004, S. 25

[38] Hans-Peter Schwintowski in Schwintowski und Schäfer, Bankrecht, 2. Auflage, Köln, 2004, § 1 Rn 2

[39] Jörg Guido Hülsmann, Die Ethik der Geldproduktion, Waltrop 2007, S. 47

[40] Roland Baader, Geld, Gold und Gottspieler, Gräfelfing 2004, S. 35

[41] Murray Newton Rothbard, Das Schein-Geld-System, Gräfelfing 2000, S. 63

[42] Murray Newton Rothbard, Das Schein-Geld-System, Gräfelfing 2000, S. 104

[43] Verkomplizierung ist – als Verdeckungsstrategie – eine zauberhafte Vorgehensweise. Wenn Sie demnächst jemanden treffen, der Ihnen erklärt, er könne auf dem Klavier gerade mal eine C-Dur-Tonleiter spielen, protzen Sie damit, mit geschlossenen Augen eine His-Dur-Tonleiter zu beherrschen. So lange er nicht konkret nachfragt, wird er Sie für musikalisch sehr begabt, talentiert und fleißig halten.

[44] Jörg Guido Hülsmann, Die Ethik der Geldproduktion, Waltrop 2007, S. 125

[45] Wenn Sie diese Zusammenhänge für sich persönlich sehr kritisch bewerten wollen, könnten Sie sich beispielsweise fragen: Welchen Unterschied macht es für mich im Ergebnis, ob zwielichtige Alchemisten im Fürstenkeller heimlich Silbermünzen strecken oder ob ehrenhafte Zentralbanken undurchschaubare Geldmengenvermehrungen beschließen? In beiden Fällen bin ich persönlich mit meiner Kauf- und Wirtschaftskraft ärmer als vorher, ohne daß ich an der einen oder anderen Aktion mitgewirkt hätte.

[46] Roland Baader, Geld, Gold und Gottspieler, Gräfelfing 2004, S. 5

[47] Erst recht heißt es nicht, dieses Geld auch in einem anderen europäischen Land ohne weiteres in Waren und Dienstleistungen verwandeln zu können. Denn zuerst muß es über die Grenze gebracht werden, was mit Beträgen von über EUR 10.000 heute bereits gewisse Anzeige- und Rechtfer-

tigungsanstrengungen gegenüber den Zollbediensteten erfordert.

[48] Lutz Peters, Verkrustetes Deutschland, gefährdeter Wohlstand, München 2006, S. 65

[49] Zinseszinsberechnungen nebst deren Besteuerung kann man hier wegen ihrer wirtschaftlichen Unmaßgeblichkeit gleich ganz unterlassen

[50] Hier ist eine Randbemerkung zu den grotesken Blüten angezeigt, die unser Arbeitsrecht im Zusammenspiel mit dem Steuerrecht treibt: Schließt ein Unternehmen eine Betriebsstätte an einem Ort und agiert es andernorts weiter, haben die kündigungsgeschützten Arbeitnehmer natürlich das Recht, an dem anderen Ort weiter für ihren bisherigen Arbeitgeber zu arbeiten. Liegt dieser neue Arbeitsort weit entfernt, muß der Arbeitnehmer für sich selbst entscheiden, was er wichtiger findet: Den vielleicht kürzeren Weg zu einem neuen Arbeitgeber in der Nachbarschaft oder die über alle Jahre seiner Betriebszugehörigkeit ersessenen Privilegien bei dem alten Arbeitgeber. Das tendenzielle Festhalten am alten Arbeitsvertrag läßt immer mehr Deutsche zu Reisenden werden. Doch auch wenn Sie die Kosten ihrer Mobilität weitgehend steuerlastmindernd geltend machen können, werden sie dennoch per saldo ärmer. An Geld und an Zeit. Trennen sie sich umzugsfreudig von ihrer Wohnung, riskieren sie andere Steuerlasten. Die Handlungsfreiheit des einzelnen wird aus allen Richtungen eingekeilt. Nicht zuletzt von ängstlichen Arbeitnehmern, die ihren Arbeitsplatz nicht aufgeben mögen, weil sie fürchten, keinen anderen zu finden. Unterdessen stehen alle im Stau auf der A 3. Makroökonomische Fernsteuerung ist ein Abenteuer, das nur Zyniker erfreut.

[51] Genaue Zahlen zu ermitteln, ist in diesen Bereichen schwierig. Die Geldmenge M1 jedenfalls soll verschiedenen Quel-

len zufolge in den dreißig Jahren zwischen 1968 und 1998 um durchschnittlich 8,26% pro Jahr gestiegen sein. In diese Zeit fällt bekanntlich auch die Vereinigung von Bundesrepublik und DDR mit der Entscheidung, Mark der DDR weitgehend im Verhältnis „1 zu 1" in DM umzutauschen. Nach dem Kompetenzübergang von der Bundesbank auf die Europäische Zentralbank und der Umstellung auf den Euro sind die Verhältnisse kaum zu entwirren. Ob die – noch relativ hohe – Sparquote der Deutschen, die mit 11% ihres Einkommens angegeben wird, diese Geldmengenerhöhung aufzehrt, wie bisweilen behauptet wird, ist mindestens zweifelhaft. Denn wird das gesparte Geld bei einem Kreditinstitut (statt unter der Matratze) verwahrt, löst die dort zulässige Bruchteilsreserve wieder weitere Verschiebungen aus. Mein Eindruck ist, daß man hier schlechterdings seriös kaum mehr behaupten kann, irgendjemand habe noch den „Überblick". Daß die USA gar keine Zahlen mehr über ihre Geldmenge M3 veröffentlichen, spricht in diesem Zusammenhang wohl eine bezeichnende Sprache.

[52] Aus dem Dickicht der Statistiken und Zahlen vielleicht für hier noch dies. Nach den von der Deutschen Bundesbank veröffentlichten Zahlen stiegen die Euro-Geldmengen in den 35 Monaten zwischen Dezember 2004 und Oktober 2007 wie folgt: Umlaufendes Bargeld von 125.900.000.000,— auf 165.800.000.000,—; M1 von 655.400.000.000,— auf 774.200.000.000,—; M2 von 1.432.300.000.000,— auf 1.657.500.000.000,— und M3 von 1.518.600.000.000,— auf 1.784.400.000.000,— (M1, M2 und M3 je ohne Bargeld)

[53] Jörg Guido Hülsmann, Die Ethik der Geldproduktion, Waltrop 2007, S. 77

[54] Jörg Guido Hülsmann, Die Ethik der Geldproduktion, Waltrop 2007, S. 77

[55] Es sei denn, einer der Vertragspartner (oder beide) hätten sich über den Inhalt des Geschäftes geirrt. Das kommt zwar immer wieder vor. Wie sind ja – wie eingangs gesagt – fehlsame Wesen. Doch es ist nicht die Regel. Wäre es die Regel, würden wir es gleich ganz lassen.

[56] Daß wir trotz dieser Gewaltlasten von staatlichen Abgaben doch noch immer Wege finden, durch wechselseitige Tauschgeschäfte miteinander beiderseits Vorteile zu ziehen, ist eines der großartigen Phänomene der modernen Arbeitsteilung und Produktivität. Jeder durchgeführte Vertrag bereichert beide Teile. Nur für irrtümlich abgeschlossene oder betrügerisch eingegangene Vereinbarungen gilt anderes. Ansonsten fördert jedes Geschäft die Zielerreichungen beider Partner. Verträge sind der klassische Fall einer win-win-Situation.

[57] W.A.Z. vom 31.12.2007, Gastbeitrag zum Wirtschaftsteil.

[58] Ludwig von Mises, Nation, Staat und Wirtschaft, Zweitausgabe des ursprünglich 1919 in Wien und Leipzig verlegten Werkes, Colombo 2006, S. 151

[59] Es ist alles – wie so häufig – reine Definitionssache. Wer in den 1970er Jahren lebte, wird sich erinnern, daß Ehen ohne Trauschein bzw. nichteheliche Lebensgemeinschaften damals noch „wilde Ehen" hießen.

[60] W.A.Z. vom 12. Januar 2008, Politik, S. 1

[61] Gerd Habermann, Richtigstellung, München 2006, S. 117

[62] Florian Felix Weyh, Die letzte Wahl, Frankfurt am Main 2007, fordert gegen derartige „Gesetzeskollisionen", wie er sie nennt, eine „Gesetzeskollisionsfeuerwehr", die das Paradox der einander ausschließenden Handlungsanordnungen unverzüglich abstelle: „Sollte nicht jede Kollision nachträglich Beweis genug sein, daß eines von zwei Gesetzen überflüssig ist?" (a.a.O. S. 276f.)

[63] Paul Watzlawick, Janet H. Beavin, Don D. Jackson: Mensch-

liche Kommunikation, 7. Auflage 1985, Bern, S. 241

[64] Paul Watzlawick, Vom Schlechten des Guten, 2. Auflage, München 2005, S. 38

[65] Ulrich Woronowicz, Sozialismus als Heilslehre, Bergisch Gladbach 2000, S. 85

[66] Merke: Energieeinspeisungsrechtlich (ja, so etwas gibt es und Sie finanzieren es mit!) muß Ihr Stromlieferant Ihnen Ihren selbsterzeugten Strom zu einem höheren Preis abkaufen, als er Ihnen den dann wieder an Sie selbst gelieferten verkauft. Deswegen wären Sie dumm, wenn Sie Ihren eigenen Strom selber verbrauchen und nur den zusätzlich benötigten Strom dazukaufen. So schön kann Subventionspolitik sein.

[67] § 42 Absatz 1 AO. Sprachlich und logisch faszinierend ist übrigens, daß die Vorschrift nicht den eigentlich gebotenen Konjunktiv „entstünde" oder zumindest „entstanden wäre" verwendet. Offenbar gibt es eine gewisse terminologische Beißhemmung, Konjunktive zu besteuern.

[68] Hans Bernhard Brockemeyer in: Franz Klein, Kommentar zur Abgabenordnung, München 2003, § 42 AO Rn 2

[69] Hans Bernhard Brockemeyer in: Franz Klein, Kommentar zur Abgabenordnung, München 2003, § 42 AO Rn 13

[70] Hans Bernhard Brockemeyer in: Franz Klein, Kommentar zur Abgabenordnung, München 2003, § 42 AO Rn 18

[71] Die sogenannten „Jahressteuergesetze" regeln unsere Steuerpflichten seit einiger Zeit von Jahr zu Jahr stets neu. Was im letzten Jahr galt, muß dieses Jahr nicht gelten. Was im nächsten Jahr sein wird, das sehen wir dann mal. Interessanterweise wird – mit Billigung auch des Bundesverfassungsgerichtes – das Jahressteuergesetz gerne erst am 30. Dezember eines Jahres rückwirkend für das Gesamtjahr verkündet. Dies soll nach herrschender verfassungsrechtlicher Dogmatik keine (unwirksame) echte Rückwirkung des

Gesetzes sein, sondern – weil das Jahr ja noch nicht ganz abgelaufen ist – eine legale „unechte Rückwirkung". Diese rechtsstaatlich zweifelhafte Konstruktion [man könnte es auch ganz anders bezeichnen!] dient dem Zweck, unerwünschte Vorlaufeffekte zu vermeiden; der Volksmund würde wohl sagen: Um den Überraschungseffekt gegen steuervermeidendes Handeln zu nutzen. Gestützt auf die stets im September vollzogene Jahressteuerschätzung einerseits und die fein gesponnenen Berichtswesen andererseits kann dann immer je nach Kassenlage das Gesetz dem aktuellen Finanzbedarf angepasst werden. Übertragen auf private Lebensverhältnisse würde dies heißen: Wir leben das ganze Jahr fröhlich und sorglos vor uns hin, kaufen, investieren, fahren in Urlaub und machen mal Pause. Dann lassen wir unseren Arbeitgeber kurz nach Weihnachten wissen, zu welchem Lohn wir über das Jahr bereit gewesen waren, zu arbeiten. Und er muß akzeptieren. Eine schöne neue Welt.

[72] Übrigens: Die finanzgerichtliche Rechtsprechung fragt in diesem Zusammenhang traditionell danach, ob eine bestimmte – bisweilen durchaus auch abwegige – Gestaltung von „verständigen Parteien" noch so gewählt würde (Hans Bernhard Brockemeyer in: Franz Klein, Kommentar zur Abgabenordnung, München 2003, § 42 AO Rn 15 mit weiteren nachweisen auf die Rechtsprechung insbesondere des Bundesfinanzhofes)! Dies wirft natürlich gleich die ganz große Frage danach auf, was überhaupt „Verstand" ist. Ist einer noch bei Verstand, wenn er Steuern zahlt? Oder ist er bei Verstand, wenn er sein Geld zusammenhält?

[73] Nicolás Gómez Dávila: Es genügt, daß die Schönheit unseren Überdruß streift..., Stuttgart 2007, Hrsg. von Michael Klonovsky, S. 130

[74] Die gedankliche Figur des „Wollendürfens" ist übrigens auch das oberste Leitmotto eines der etabliertesten staatrechtli-

chen Lehrbücher unseres Landes. Reinhold Zippelius und Thomas Würtenberger zitieren Montesquieu mit seine Idee, daß in einem Staate, in dem es Gesetze gibt, „die Freiheit nur darin bestehen [könne], das zu können, was man wollen darf"; Zippelius/Würtenberger, Deutsches Staatsrecht, 31. Auflage München 2005, Eingangsmotto vor dem Vorwort, zitiert aus Montesquieus „Vom Geist der Gesetze" Buch XI, Kapitel 3. In diesem Sinne waren z.B. DDR-Bürger in Ansehung des „antifaschistischen Schutzwalles" nicht unfrei, weil sie diesen überqueren zu wollen eben nicht durften.

[75] Hans-Hermann Hoppe, Sozialismus oder Kapitalismus, aus dem Englischen übertragen von Axel Schernhammer, Wien 2005, S. 72, wo er zugleich die Wirkungen von Besteuerung und Umverteilung an nichtproduktive Gesellschaftsmitglieder auf eine Volkswirtschaft insgesamt untersucht.

[76] Bernd Rüthers, Rechtstheorie, 2. Auflage, München 2005, S. 158f. (Rn 209)

[77] Florian Felix Weyh, Die letzte Wahl, Frankfurt am Main 2007, S. 295f.

[78] Man wird mit guten Gründen davon ausgehen können, daß es wohl nicht einen einzigen Menschen mehr in ganz Deutschland gibt, der auch nur ansatzweise eine Vorstellung von den Folgen (und Schäden!) hat, die zum Beispiel alleine das Konstrukt des sogenannten Risikostrukturausgleiches zwischen den Krankenkassen auf Volkswirtschaft und Gesundheitsversorgung zeitigt.

[79] Wladimir Lenin meinte übrigens in einem Artikel für die „Prawda" am 28. April 1918, wirklicher Wettbewerb könne nur und erstmals unter den Bedingungen des Sozialismus entstehen; Lenin, Ausgewählte Schriften in zwei Bänden, Berlin (Ost) 1989, Band II, S. 83ff.

[80] Helmut Köhler in Hefermehl/Köhler/Bornkamm, Wettbe-

werbsrecht, 25. Auflage, München 2007, S. 13f.; im Original wörtlich: „Competition consists in access by buyers and sellers to a substantial number of alternatives and in their ability to reject those which are relatively unsatisfactory."

[81] Thilo Bode, Die Demokratie verrät ihre Kinder, Stuttgart 2003, S. 23 und S. 214f.

[82] Was ein begrenztes Budget ist, liegt auf der Hand: Am Ende des Geldes gibt es dann keine Medizin mehr. Schwieriger ist zu verstehen, was sich hinter dem propagandistisch genial als „Positivliste" versteckten Phänomen verbirgt: Danach dürften dann nur noch diejenigen Medikamente verschrieben und verabreicht werden, die dezidiert („positiv") auf gewissen Listen stehen. Alle anderen Medikamente wären durch bloßes Schweigen der Liste „negativ" beschrieben und also verboten. Zur weiteren Verdeutlichung: Gäbe es in Deutschland z.B. eine asylrechtliche „Positivliste", auf der stünde, daß nur Holländern noch Asyl gewährt werden dürfte, dann ließen sich alle Tamilen, Somalier, Nigerianer etc. pp. unter Berufung auf die positive Liste an der Grenze abweisen. Wie gesagt, terminologie-propagandistisch genial.

[83] Die Abschaffung des Geldes als Steuerungsmittel menschlichen Handelns und Wandelns hat noch immer zu Katastrophen größten Ausmaßes geführt. Vor Lenins Einführung der „Neuen Ökonomischen Politik" verhungerten Millionen in der Sowjetunion, weil ihre Ernährungswirtschaft zusammenbrach. Stalin setzte die „Erkenntnisse" dieses Prozesses später nochmals gezielt gegen sein Volk ein. Unter Maos „großem Sprung nach vorne", der ebenfalls den gewachsenen, natürlichen Tauschhandel unter den chinesischen Bauern verbot und sie allesamt zu Stahlkochern machte, starben 38 Millionen Menschen den Hungertod.

[84] Die dann nur noch vorhandene „Schwankungsreserve" für

einige Tage müsste wohl gleich zum Ankauf von Beruhigungsmitteln für die Zurückgebliebenen verwendet werden; jedenfalls wäre die Aufregung sicher sehr groß.

[85] Bernd W. Klöckner, Die gierige Generation, Frankfurt/Main 2003, S. 24f.

[86] Günter Ederer, Die Sehnsucht nach einer verlogenen Welt, München, 2002, S. 169

[87] Günter Ederer, Die Sehnsucht nach einer verlogenen Welt, München, 2002, S. 171

[88] Zippelius/Würtenberger, Deutsches Staatsrecht, 31. Aufl. 2005, S. 107

[89] so bis zum 31. Dezember 2007 möglich gemäß § 279a Abs. 1 SGB III

[90] BVerfGE 98, 106 [118f.]

[91] so wird man dereinst in den Archiven beispielsweise des ADAC auch das Januar-Heft des Jahres 2008 finden, in dem auf S. 44 den Eigentümern älterer Kraftfahrzeuge der Abschied vom Gefährt aus Gründen des Umweltschutzes nahegebracht wird, zugleich aber die Bundeskanzlerin in einer Gastkolumne auf S. 20 eine auch weiterhin „bezahlbare Mobilität" verspricht. Ein moderner Mensch sein heißt, Widersprüche aushalten zu müssen.

[92] Roger Schawinski, Die TV-Falle, Zürich, 2. Aufl. 2007, S. 117f.

[93] Valerie Naumann, Wegen Mitbestimmung vorübergehend geschlossen, in: Organisationsentwicklung Nr. 3/2007, 48 [50f.]

[94] Jürgen Eick, Wie man eine Volkswirtschaft ruinieren kann, Frankfurt am Main, 4. Auflage September 1974, S. 82ff.

[95] Valerie Naumann, Wegen Mitbestimmung vorübergehend geschlossen, in: Organisationsentwicklung Nr. 3/2007, 48

[96] Dies fragte sich die W.A.Z. am 4. Januar 2008 [Kultur S. 1]

[97] Dies wusste die W.A.Z. dann am 18. Januar 2008 bereits

[„Blick nach Düsseldorf']

[98] bekanntlich hat Carlo Schmid dessen „Blumen des Bösen" brillant übersetzt.

[99] Roland Baader, Totgedacht, Gräfelfing 2002, S. 243f.

[100] Paul Watzlawick, Vom Schlechten des Guten, 2. Aufl. München 2005, S. 24f.

[101] Hans-Hermann Hoppe, Demokratie, Waltrop 2003, S. 89 mit weiteren Nachweisen.

[102] Gabor Steingart, Deutschland – Der Abstieg eines Superstars, 7. Aufl. München 2004, S. 121 - 123

[103] Florian Felix Weyh, Die letzte Wahl, Frankfurt am Main 2007, S. 180f.

[104] Northcote Parkinson, Das Manana-Gesetz, Wien/Düsseldorf 1971, S. 21f.

[105] Fareed Zakaria, Das Ende der Freiheit? Frankfurt am Main 2005, S. 70f.

[106] Fareed Zakaria, Das Ende der Freiheit? Frankfurt am Main 2005, S. 133

[107] André F. Lichtschlag: Alimentierung des Nichts, in: Die Welt, 30.10.2006, S. 6

[108] wie Reinhard K. Sprenger uns seit seinem gleichnamigen Buch von 2005 nennt.

[109] Wolfram Weimer formuliert in „Wir verraten das Private", Cicero August 2007, S. 130: „Der Ausverkauf der Privatheit hat einen Preis, der höher ist, als wir glauben. ... Gerade nach den traumatischen Erfahrungen des 20. Jahrhunderts, seinen Ideologien des Antiprivaten, seiner Raserei der Kollektivierung in Rassen und Klassen, müßte den Zivilgesellschaften doch klargeworden sein, daß sich die Integrität von Demokratie und Kultur immer am einzelnen entscheidet."

[110] Henryk M. Broder: Hurra, wir kapitulieren! Berlin, 3. Aufl. 2006, S. 30

[111] Diogenes Laertius, Leben und Meinungen berühmter Philo-
sophen, 2. Aufl. Hamburg 1967, Buch VIII, S. 139

[112] Diogenes Laertius, Leben und Meinungen berühmter Philo-
sophen, 2. Aufl. Hamburg 1967, Buch X, S. 273

[113] AT, Buch Esra 10,9-11

[114] Ludwig von Mises: Nation, Staat und Wirtschaft, Erstausga-
be 1919, Neuausgabe Colombo 2006, S. 151

[115] Roland Baader: Die belogene Generation, 1. Aufl. 1999, Gräfelfing, S. 72, 75

[116] In seiner „Kritik der zynischen Vernunft" hat Peter Sloterdijk
diese massive Verschiebung der Weltsicht sehr schön am
Beispiel des Waldes erläutert. Innerhalb nur einer einzigen
Menschheitsgeneration habe sich geändert, daß man nicht
mehr (wie noch mit Richard Wagners Nibelungen) im Wald
den Lindwurm fürchtete, sondern mit dem Auto am Wo-
chenende an den Stadtrand in die Naherholungsgebiete fuhr.

[117] Günter Ederer, Die Sehnsucht nach einer verlogenen Welt,
München, 2000, S. 163

[118] Roland Baader, Fauler Zauber. Schein und Wirklichkeit des
Sozialstaates, 2. Aufl. Gräfelfing 1998, S. 253

[119] P.J. O'Rourke: Das Schwein mit dem Holzbein, Frankfurt/
Wien 2002, S. 226, 229

[120] Dominik Geppert: Maggie Thatchers Rosskur – Ein Rezept
für Deutschland, Berlin 2003, S. 70

[121] Dominik Geppert: Maggie Thatchers Rosskur – Ein Rezept
für Deutschland, Berlin 2003, S. 71

[122] von 1861 bis 1865.

[123] zit. nach Roland Baader (Hrsg.), Wider die Wohlfahrtsdiktatur, Gräfelfing 1995, S. 258

[124] P.J. O'Rourke: Das Schwein mit dem Holzbein, Frankfurt/
Wien 2002, S. 136f.; die deutsche Ausgabe der dortigen
Berechnung enthält übrigens einen Kalkulationsfehler, den
ich hier nicht übernommen habe.

[125] Karl Darscheid, Vom Hölzchen auf's Stöckchen, 2. Aufl. Bonn, 1989, S. 143

[126] Jörg Guido Hülsmann weist darauf hin, daß die Unantastbarkeit des privaten Eigentums auch der wohlerwogenen und dauerhaften Überzeugung der katholischen Soziallehre entspricht; Die Ethik der Geldproduktion, Waltrop 2007, S. 39f. mit weiteren Nachweisen; ebenso: Johannes Paul II bei Robert A. Sirico in Roland Baader (Hrsg.): Wider die Wohlfahrtsdiktatur, Gräfelfing 1995, S. 164

[127] Don und Petie Kladstrup, Champagner, Stuttgart 2007, S. 281f., 260f.

[128] Nur ein Kapitaldeckungsstock kann eine langfristige stabile Finanzierung solcher Systeme garantieren, vgl. Lutz Peters, Verkrustetes Deutschland, gefährdeter Wohlstand, München 2006, S. 40f.

[129] Der Chef der amerikanischen Notenbank, Ben S. Bernanke, soll geäußert haben, man könne in wirtschaftlichen Krisensituationen Aufständen am besten dadurch begegnen, daß der Staat Geldscheine aus Hubschraubern abwerfe; dies habe Bernanke den Spitznamen „Helikopter-Ben" eingetragen (PT-Magazin Heft I/2008, S. 9)

[130] Denn es gilt: „Je freier eine Nation ist, desto reicher ist sie auch, und je unfreier, desto ärmer. Immer, überall, und ausnahmslos." schreibt Roland Baader, Das Kapital am Pranger, Gräfelfing 2005, S. 74

[131] Daß es derzeit genau umgekehrt ist, belegt Hans-Hermann Hoppe eindrucksvoll: Sozialismus oder Kapitalismus, Wien 2005, S. 74

EPILOG

„Ich hatte Gelegenheit, mich über Einkünfte und Schulden des Königreichs ins Bild zu setzen: seine Schuldenlast ist gewaltig, die Quellen sind erschöpft, und die Steuern haben sich exzessiv vervielfacht.

Das einzige Mittel, den Schuldenberg allmählich abzutragen, wäre es, die Ausgaben insgesamt zusammenzustreichen und sich von allem Überflüssigen zu trennen.

Aber genau das wird niemals gelingen; denn anstatt zu sagen: Über diese Einkünfte verfüge ich, soundso viel davon kann ich ausgeben, heißt es: Soviel benötige ich, beschafft es irgendwie.

Ein kräftiger Aderlaß könnte etliche Mittel an die Hand geben; allerdings würde es nicht ausreichen, die Schulden binnen kurzem zu tilgen und dem Volk die Erleichterungen zu verschaffen, derer es dringendst bedarf.

Diese ärgerliche Situation rührt von den vorangegangenen Regierungen her, die Schulden gemacht und sie nie beglichen haben. Deren Last ist nunmehr so gewaltig, daß nur noch eine Bankrotterklärung bleibt, um sich davon zu befreien.

Was schließlich Ihr Parlament betrifft, in seiner Eigenschaft als denkende Instanz, so handelte es doch immer in Widerspruch zu den Prinzipien von Dialektik und gesundem Menschenverstand."

Aus einem Brief
Friedrichs des Großen an Voltaire
vom 26. März 1777

Inhalt

Ein kleines Warum zur Einführung 6
Vorbemerkung 9

1. Kapitel
Zur Einleitung einige Definitionen 11

2. Kapitel
Wohlstandverhindernde und
    wohlstandszerstörende Staatseingriffe 18
1. Die Abgabenlasten 24
2. Die Geldpolitik 37
3. Die Verhinderung des beiderseitigen
    Vertragsgewinns 60
4. Die völlige Nichtanerkennung des
    bürgerlichen Handlungswillens 77
    Pippi Langstrumpf und die Finanzverwaltung .. 79
    Die Sozialversicherung 92
        Die Schieflage der Gesundheitswaage 93
        Die Alterssicherung oder: Wie man
            Schneebälle bäckt 109
        Arbeitsförderung – wessen eigentlich? 117
        Unfall- und Pflegeversicherung
            oder: Mit Onan im Büro 122
        Eine Art Zwischenresümee 125
    Wo wir einmal dabei sind
    – Noch mehr Ge- und Verbote 128

5. Todesbesteuerung als finaler Schlag 141

6. Das Ausbeutungsergebnis
   – Jede Generation ein neuer Sisyphos 149

3. Kapitel

Warum die Dinge sind, wie sie sind 153

1. Ein starker Staat braucht schwache Bürger 157

2. Herrscher und Beherrschte in der
   Bequemlichkeitsfalle 159

3. Die Bereitschaft, sich fremdbestimmen
   zu lassen 166

4. Kapitel

Ausblicke in eine menschenfreundlichere
   Zukunft 174

1. Angst und Politik – ein duo infernale 175

2. Staatsbankrott und tote Familie – ein
   Zwischenspiel 182

3. Kann Bürokratie Arme und Schwache
   bereichern? 188

4. Wege aus der Sozialpanik 201

5. Kapitel

Schlußbemerkungen 207

Fußnoten 213

Epilog 232

Carlos A. Gebauer studierte Philosophie, Neuere
Geschichte, Sprach-, Rechts- und Musikwissen-
schaften. Er arbeitet als Rechtsanwalt in Duisburg.

Seine Homepage:
www.MAKE-LOVE-NOT-LAW.com

E-Mail:
C.A.Gebauer@MAKE-LOVE-NOT-LAW.com

LICHTSCHLAG

Lichtschlag Nr. 9
Arne Hoffmann
Der Fall
Eva Herman
Hexenjagd
in den Medien
1. Auflage 2007
192 Seiten
EUR 18,90

ARNE HOFFMANN: DER FALL EVA HERMAN

Mehrfach wurde Eva Herman zur beliebtesten Moderatorin Deutschlands gewählt. Nachdem sie aber im Frühjahr 2006 die Erfolge der feministischen Bewegung infrage stellte, lancierte „Emma"-Chefin Alice Schwarzer eine Kampagne, um Herman aus der „Tagesschau" zu entfernen. Anderthalb Jahre später, nach einem inquisitorischen TV-Tribunal bei Johannes B. Kerner, titelt die „Bild"-Zeitung „Ist Eva Herman braun oder nur doof?", auf den Seiten des „Focus" heißt es, „dass man an ihre Bücher sofort mit dem Feuerzeug dran möchte", und der „Neuen Zürcher Zeitung" zufolge ist Eva Herman mittlerweile die „meistgehasste Frau Deutschlands". Wie kam es zu dieser rasanten Hexenjagd? Und was darf man im Deutschland 2007 eigentlich noch sagen, ohne sich in Gefahr zu begeben?

In einer erschütternden Medienanalyse zeigt der liberale Journalist Arne Hoffmann, welche Entwicklung hier stattgefunden hat. Gleichzeitig ist dieses Buch ein flammender Appell für mehr Meinungsfreiheit in unserer Gesellschaft, ein Appell, der weit über das Thema „Eva Herman" hinausreicht.

LICHTSCHLAG

Lichtschlag Nr. 1
André F. Lichtschlag
Libertarianism
Eine (anti-) politische
Bewegung in den USA und ihre
Bedeutung für Deutschland
1. Auflage 2000
144 Seiten
EUR 16,90

Lichtschlag Nr. 2
Stefan Blankertz
Das libertäre Manifest
Über den Widerspruch
zwischen Staat und Wohlstand
2. verbesserte Auflage 2002
382 Seiten
EUR 24,80

Lichtschlag Nr. 3
David D.Friedman
Das Räderwerk der Freiheit
Für einen radikalen
Kapitalismus
1. Auflage 2003
318 Seiten
EUR 23,80

Lichtschlag Nr. 4
Eugen Richter
Sozialdemokratische
Zukunftsbilder
Frei nach Bebel
1. Neuauflage 2006
(Erstveröffentlichung 1891)
144 Seiten
EUR 16,90

Lichtschlag Nr. 5
Roland Baader
Markt oder Befehl
55 Streitschriften
für die Freiheit
1. Auflage 2007
364 Seiten
EUR 24,80

Lichtschlag Nr. 6
Jörg Guido Hülsmann
Ordnung und Anarchie
Essays über Wirtschaft,
Politik und Kultur
1. Auflage 2007
144 Seiten
EUR 16,90

Lichtschlag Nr. 7
Arne Hoffmann
Männerbeben
Das starke Geschlecht
kehrt zurück
1. Auflage 2007
480 Seiten
EUR 26,90

Lichtschlag Nr. 8
Josef Schüßlburner
Roter, brauner und
grüner Sozialismus
Bewältigung
ideologischer
Übergänge von
SPD bis NSDAP
und darüber hinaus
1. Auflage 2008
352 Seiten
EUR 24,80

ALLE TITEL SIND ERHÄLTLICH ÜBER

Cap tal!sta

WWW.CAPITALISTA.DE